超文案

微时代的创意文案指南

SUPER COPYWRITING

朱冰 著

中信出版集团 · CHINACITICPRESS · 北京

图书在版编目（CIP）数据

超文案／朱冰著．—北京：中信出版社，2015.7
ISBN 978-7-5086-5076-0

Ⅰ.①超…　Ⅱ.①朱…　Ⅲ.①广告-写作　Ⅳ.①F713.8

中国版本图书馆 CIP 数据核字（2015）第 051423 号

超文案：微时代的创意文案指南
著　　者：朱　冰
策划推广：中信出版社（China CITIC Press）
出版发行：中信出版集团股份有限公司
　　　　　（北京市朝阳区惠新东街甲 4 号富盛大厦 2 座　邮编　100029）
　　　　　（CITIC Publishing Group）
承 印 者：中国电影出版社印刷厂

开　　本：880mm×1230mm　1/32　　印　　张：11.25　　字　　数：267 千字
版　　次：2015 年 7 月第 1 版　　印　　次：2015 年 7 月第 1 次印刷
书　　号：ISBN 978-7-5086-5076-0/F·3342　　广告经营许可证：京朝工商广字第 8087 号
定　　价：48.00 元

business | 企业管理

目录

上篇 什么是文案

——这是什么时代，文案无处不在

中篇 谁在写文案

——4A·2B铅笔使用说明

下篇 为谁写文案

——克服自己·客服他人

上篇

什么是文案

什么是文案?

当全民一起成为写手，当内容的狂欢渐渐盖过介质更迭的风头，文案系统的重建已然被手与脸联袂开启。什么是文案?

当文字、影像、符码一起任性纠缠，公共媒体与自媒体的能量由人文客，抑或技术咖控制，还好，他们都在谈论创意。

它是一段欲言又止的字句，长着价值观的样子；

它是一幅铺满心机的海报，有着财务报表一样的肌理；

它是一堆语焉不详的信息，散发出自助餐般的松弛；

它是隐喻这个时代的声画浮世绘，涂抹出全社会集体主义的欢乐、焦虑和愿景。

文案，是你眼中的世界，也是世界眼中的你。

你可以是广告狂人，和20世纪60年代身处纽约麦迪逊大街的文案高手一样，把创意转变为掌控金钱、美女、时尚，颠倒黑白、凌驾思想的强大机器。你也可以是批评描绘此等生活的美剧《广告狂人》的冷眼影评者，阐述旧的文案秩序在内部矛盾和外部压力之下如何分崩离析。从文字、图片、视频，再到如今的全媒体，文案更替一遍又一遍地传递这样的讯息：文案无最，文案易碎。任何时代，都是文案的狂人时代、衰人时代，乃至坏人时代。

只是这些，都与文案本身无关。

文案是个球，永远在滚动。它是流行中的符码，它知道如何制造流行。它策动一切，又被一切所裹挟。曾经一则广播节目上的推介也能助力迈克尔·杰克逊在全球卖出数千万张唱片，而如今，人们早已关掉了“劲歌排行榜”这样的节目，转身打开音乐网站或者 iTunes。科技时代的互联与个性化服务却并未阻碍文案的进化，它将每一个消费者包裹在自己的文案蚕茧之中，在人们出于习惯及懒惰的被动需求和追寻自我的主动需求之间游说得游刃有余。

在一切都可以流行的次文化时代，什么才是真正的流行？在一切都能够被文案左右的世界，什么才是出色的文案？

种种混乱与困惑之中，有一条关于文案的真理却是始终不变：如果某则文案让你毫无印象，它就不可能是好的。

来自《纽约时报》的论调：美国自由主义政治杂志《新共和》将激烈的争辩视作最为重要的价值观，与华盛顿的政要们抬杠百年。20 世纪 90 年代对美国前总统克林顿夫妇的讽刺辱骂长篇累牍，却也丝毫不影响克林顿在《新共和》100 周年庆典上祝酒发言。杂志资深编辑里昂·维塞尔迪尔说得好：“百年以来，如果没有我们，这个国家怕是会更蠢一些。”

百年以来，如果没有文案，这个世界该有多无聊。

什么是文案？

你的世界，你的世界观。

文案无最

用文案虚构这个时代，也许要从非虚构开启。

"Tomorrow: @House of Cards, No spoilers, please."
（明天：@《纸牌屋》，别剧透，拜托。）——巴拉克·奥巴马

非虚构世界的白宫老大，在推特上亲自为“黑”白宫的美剧卖力写文案，这部“如有雷同，纯属巧合”的《纸牌屋》，想不红都难。

什么是文案？传统的定义老到而周全，“公文、书信，或者档案”，现代派则将其独揽进商业广告的怀抱：借以实现销售力的文字和图案。当创意席卷了生意，文案如同美利坚一样假装坚挺，但无可否认的是，它的软实力足以揉碎纸时代的学问，抑或指尖时代的讯息。当我们涌向无数个平台——你的自媒体，他们的公共媒体，去买卖、去卖弄、去发泄，无论消费、消磨还是消解，相信我，我们和奥巴马先生一样，都在分泌着同一种物质——创意文案。

《纸牌屋》(*House of Cards*)网络剧平面文案：

Shake with your right hand but hold a rock in your left.（用右手握手，但左手要握着石头。）

《纸牌屋》图书营销文案：风靡全球的经典官场小说，中文简体版首次出版；王岐山、奥巴马等多国政要多次推荐！

权利是让人上瘾的毒药，大家都趋之若鹜，完全意识不到危险将近，甚至愿意牺牲一切，婚姻、事业、名声，乃至生命。

深入解剖政治的作品，从来不缺乏读者。1989 年，其纸质小说畅销英国，2013 年的电视剧版新《纸牌屋》宣传牌在美国白宫高高耸立，2014 年跟随美剧的步伐引入中国的原著译作，连中国的政治高层都向读者推荐。这是图书出版江湖上常用的套路——把奥巴马与王岐山的名字放在一起制作成图书的营销文案。好在卖书的人懂得“整合即创意”，确保图书封面文案有了些许“文案力”——英文版小说的文字外加美剧风格的海报。但这一切，远不如原著作者迈克尔·道布斯爵士的发言更具卖相：

永恒不变的是，这本小说依然充满着恬不知耻的邪恶与阴谋。请沉浸其中，好好享受。

如果将文案定位为“生产类创意文本”，合力将政治小说《纸牌屋》推至具有全球影响力的是一众穿越于非虚构和虚构世界之间的创意文案大咖。是他们，向这个世界剧透了政治的“高级黑”，而剧透的人正是浸淫于政治这个无底洞最深处的“黑客”。原著小说出自撒切尔夫人的内阁幕僚长迈克尔·道布斯之手，同名电视剧由希拉里·克林顿的竞选顾问鲍尔·威利蒙操刀改编，主演更是曾经与克林顿总统共同乘坐过“空军一号”的凯文·史派西。你可以把《纸牌屋》看作是职业政客写给幕僚们的信，是职业编剧拍给观众们的戏，抑或是职业演员说给政治明星的话。因为有了货真价实的幕后策划者们的加盟，从图书、剧本、视频各个领域，文案的气色前无先例地浮现出了比“高级黑”更High的“自黑”。

其实，《纸牌屋》早已经剧透了20多年。作者迈克尔·道布斯，是被称为“威斯敏斯特的娃娃脸杀手”的牛津大学高才生、哈佛大学博士，曾担任撒切尔政府幕僚长，之后于保守党副主席的职位上退休，2010年被英王室册封为男爵。写小说仿佛是他政治生涯外的一次“玩票”，道布斯说那是“25年前犯下的一个最光荣、最了不起和最具里程碑意义的错误，完完全全地改变了我的一生”。从政治到写作，从参与到旁观，从非虚构到虚构，英国男爵所著的“宫斗”畅销小说，比《甄嬛传》一类的清宫戏高出不知多少个段位。但从古至今，有关政治的传说大抵相同，用道布斯在自己官方网站的概括——都是“关于贪婪、腐败和无法抑制的野心的黑暗传说”。

“白宫是黑的”，全球心理同此凉热。

图书《白宫是黑的》：美国总统不想让你知道的阴暗面，最接近真相的一本书。

《白宫是黑的》的作者系苏格兰爱丁堡的历史学家迈克尔·克里根，讲述“A Dark History”显然是他所擅长的：历史资料、新闻报道、影视剧目、经典画作都可以被他信手拈来，任意架构来当作拨开政治幕布的支点。引自《书目》杂志的一句书评作为本书封面文案，也显然十分符合整个文本的基调。

《白宫是黑的：美国总统不想让你知道的阴暗面》讲述了比白色更白的白宫，结合优雅的平衡感与对称性，充分显示了美国理想的纯洁性——但实际上，在那白得令人目眩的宫墙之内的每个角落，却深藏着种种不为人知的黑暗。从开国元勋华盛顿到现任总统奥巴马，本书揭露了40多位美国总统不想让你知道的阴暗面：层出不穷的性丑闻；CIA对大量事实的蓄意隐藏；乃至于牟取暴利和非法窃听……

“黑”政治的文案显然迎合着反政治时代的读者们对于政治即虚构的想象。和美剧《纸牌屋》同年推出的政治畅销书《火焰之日：布什与切尼在白宫》，荣登2013年《纽约时报》非虚构类图书榜首，市场对于不同文案的相同趣味，绝非偶然。该书的作者，《纽约时报》驻白宫首席记者彼得·贝克在书中提出了耐人寻味的问题：“究竟是布什在领导他人，还是他人在引导布什？”这句话和《纸牌屋》主人公富兰克林·安德伍德在剧中的提问如出一辙：“成为猎人，还是成为猎物？”非虚构类《火焰之日》里的布什与切尼，虚构类《纸牌屋》中的沃克和安德伍德，总统、副总统之间的火焰交锋在文案的世界里交叉并行，共同燃烧。虚构与非虚构变得不再重要，谁的故事讲得最好，观众就为谁埋单。

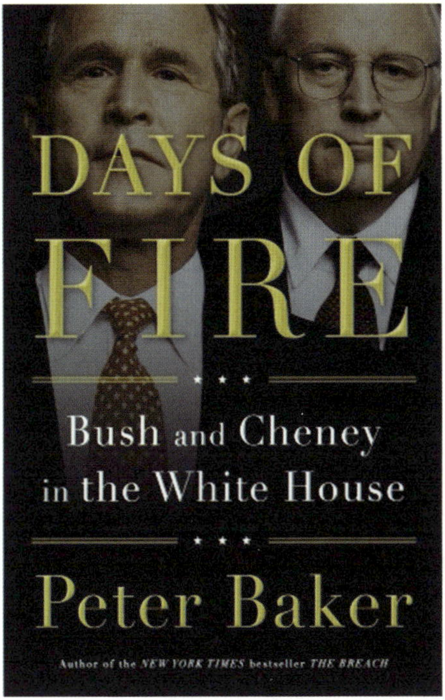

《火焰之日》（*Days of Fire*）图书营销文案：As absorbing as a thriller, it is eye-opening and essential reading.（如同惊悚小说一般令人着迷，这是一次大开眼界的精彩阅读。）

难怪《纸牌屋》主演凯文·史派西将虚构的剧集比照现实的政治时发出如此感叹："我想我们的故事可没那么疯狂。"

每个人都在揣测：白宫，是有多疯狂?!

无论是白，还是黑，是虚构，还是非虚构。我们到底是想要揭开真相的谜底，还是想要接近真理的谎言？文案的欲望，显然大于这两者，甚至大于一切。它分泌出刹那间催眠一切的汁液，又瞬间蒸腾而去，而后再度卷土重来，如同《纸牌屋》的主人公安德伍德永不止息的蓬勃野心。从20世纪80年代末的英国开始，这一场黑色的政治烟雾弥漫20余年，从大不列颠飘到美利坚，又传到遥远的东方国度中国，政治、生活、商业，在文案的交错网络里相互呼应。“赢”是所有的文案推手们最想要的礼物。

作为《纸牌屋》的出品方，美国网飞公司的赢，赢在看透观众的内心。3 000 多万付费用户每天在网飞上产生 3 000 多万个视频行为，400 多万个评分，300 多万次搜索请求。所有的数据都决定着视频内容行将何处。这场以大数据为标签的文案烟雾，视频用户成了创造电视文案的群体。用户数据显示大卫·芬奇的作品颇受好评，透露出英剧版《纸牌屋》（1990 年播出版）备受欢迎，而演员凯文·史派西主演的影片也表现抢眼。三者相交，加上大数据的噱头，13 集同时推出的魄力，政界大咖的配合宣传，然后，这部美剧火了，网飞也活了。文案高手，果真在民间。

《纸牌屋》视频广告文案：只有一条规则——不做猎人便为猎物。

当“成为你自己”的励志文案日趋疲软，网飞为《纸牌屋》制作的预告片标语“成为猎人，或者成为猎物”释放出的则是逼人的烟雾。只是，文案想要的，全然不是两者，而是成为枪，或者炮，打中所有人的要害。无论你是猎人，还是猎物，统统没有选择，只能被文案的烟雾罩着，如同进入了一个蒸汽时代。

蒸汽时代的文案无边无际，无所不及。它飘浮、酝酿、聚拢，而后在弥漫着大雾和浓烟的城市街道里澎湃。它充斥在街道的每一个角落，转动起工业社会大大小小的齿轮，让巨大而笨重的蒸汽机械带着蛮力隆隆地轰鸣。高楼上悬挂的公告牌，公交地铁里播放的吃喝点评，报刊亭外的杂志海报，手机里的微信服务账号，iPad 上的美剧 30 秒视频广告……文案的运行结构庞大而精密，错综又复杂，本身就是一台功率超强的蒸汽机。

你可以闭起眼，无视这个巨硕的工业怪物，捂住耳朵，屏蔽这个喧闹的商业厂房。只是文案，它也是管道接口处间歇喷出的热浪，锈迹斑斑的金属焊接点缓缓渗出的水滴，它出其不意地包裹着你，在难以察觉的时刻唤醒着你，它是微博大 V 一声温暖的早安，汽车微电影里翻过无名的山丘豁然开阔的碧海蓝天。它无所不在，力透每一个精密微小的细枝末节。它无所不包，勾连每一道肆意延伸的无边想象。就像形体复杂的机械也拥有最为潮流的外表，严丝合缝的工业设计也彰显最大胆的发明，互联网时代的文案帝国，版图的扩张一如无色无形无所不能的蒸汽，统治一切，又颠覆一切，创造所有，又抛却所有。维多利亚女王治下的蒸汽时代，是日不落帝国最辉煌的巅峰，跨越上百年，如今，这荣耀属于文案。

这又是文案的朋克时代，文案无形无状，无所顾忌。

诞生于蒸汽时代的经典英国老派绅士夏洛克·福尔摩斯先生在当下最热门的英剧里毅然挥别烟斗与怀表，变身傲娇又卖萌的“卷福”。工业时代浓烟滚滚的雾都脱胎换骨，纪念千禧年的伦敦眼灯光明媚，在透彻的空气中和车流一同以快进的速度律动起现代大都会的节奏。带有金属锈味的老牌侦探福尔摩斯是如何穿越为与华生打情骂俏的技术宅男夏洛克的？对于三年出一季的电视剧《神探夏洛克》的团队而言，这份“史上最成功三级（集）片”文案，够颠覆，够解放，够朋克。

其实经典的文案从来如此，1984 年苹果公司在超级碗橄榄球赛上播出的那则震惊全世界的 60 秒广告，巨大的轰动效果提醒着所有的文案人——Change，makes everything different.（改变，让一切不同凡响。）

致疯狂的家伙们。他们不合时宜，我行我素。他们桀骜不驯，反叛忤逆。他们麻烦不断，惹是生非。他们像方孔中的圆桩。他们用与众不同的角度看待事情。他们既不墨守成规，也不安于现状。你尽可以认同他们，反对他们，赞美或者鄙视他们。不过你唯独不能漠视他们，因为他们改变着寻常事情。他们推动人类向前。也许有些人认为他们是疯子，在我们眼中他们却是天才。因为只有那些疯狂到认为自己可以改变世界的人，才能真正改变世界。①

——Apple 广告《Think Different》

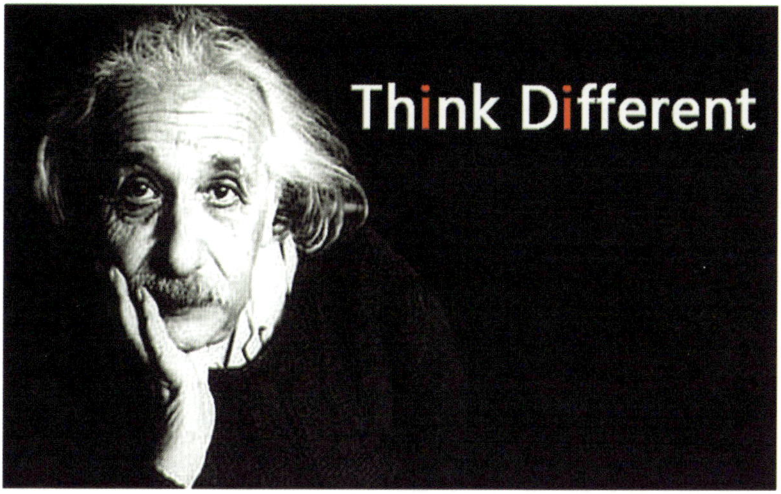

广告文案：Apple，Think Different，Einstein.

在这则广告中，爱因斯坦、马丁·路德·金、约翰·列侬、拳王阿里、甘地、毕加索，那些改变过世界的伟人逐一从镜头前掠过，最后，让所有人记住的只有两个词，"Think Different"，以及一个彩色的苹果。从当初的麦金托什到现在的 iPhone 6，七彩的苹果已褪色至白，简单至

① 〔美〕沃尔特·艾萨克森著，管延圻等译，《史蒂夫·乔布斯传》，中信出版社，2011 年版。

极，却又席卷一切。白，真的是一种颜色吗？还是万千气象五彩斑斓，在飞速地改变之下，闪耀出来的炫目光芒？

朋克时代的文案，要拒绝雷同，反对传统，超越所有规则，制造属于自己的乌托邦。只要够独特，残缺的苹果也能卖遍世界，偏执狂一样的首席执行官也能被成千上万的"果粉"顶礼膜拜为"教主"。苹果教主乔布斯本身就是苹果公司最好的文案。"保持饥饿，保持愚蠢"（Stay hungry, stay foolish），文案高手乔教主不仅仅把这句励志名言留给了斯坦福大学的毕业生，也深深激励着远在大洋彼岸的雷布斯（雷军）"为发烧而生"，把饥饿感用"小米"的形象深深根植在了广大中国技术宅男空虚寂寞的心灵深处。网络预订，限额采购，2 小时卖光 10 万台，"永远都抢不到的小米手机"从此成为中国数码江湖的一个传奇。小米公司一份叫作"饥饿营销"的执行文案，狠狠地挠到所有希望土豪一把的消费者钱包最痒处。

消费者到底要什么？这是每一份文案最渴望探触到的神秘高潮点。在这个一切皆能测量的大数据时代，相关比因果更有效。卖安全套的杜蕾斯可以大言不惭地庆祝"父亲节"，只因一句犀利的话："To all those who use our competitors' products: Happy Father's Day."（致所有用别家产品的人：父亲节快乐！）

在这个样本即总体的全数据时代，混杂比精确更重要。文案早已不用唯一，从黄晓明到郭德纲，从唐僧到哆啦 A 梦，再延伸至为各类人群代言的城管版本、"80 后"版本、游戏人物版本……在凡客体的文案世界，只有想不到，没有看不到。

爱碎碎念，爱什么都敢告诉你，爱大声喊"爱爱爱"，要么就喊"不爱不爱不爱"，请相信真诚的广告创意永远有口碑，我不是"某白金"或"某生肖"，我是凡客体。

从平凡里发现各自的不凡，凡客体只是冰山一角而已。各处生根的甄嬛体、知音体、琼瑶体、脑残体、咆哮体交错缠绕，编织成触及每一道长尾的文案网络，在每一个微小的缝隙里都开出花儿来，开出文案的“私人定制”时代。

这远比吸引了美国最多高收入观众的电视剧《广告狂人》里所描绘的“黄金时代”更为丰富和精彩。尽管无数买过钻石的有钱人都或多或少地受到了这样一句话的蛊惑：“钻石恒久远，一颗永流传”。那是20世纪60年代，珠光宝气的纽约麦迪逊大街云集美国及全世界的顶级广告策划公司和媒体，这样一句经典文案的诞生，在烟雾缭绕的办公室里，让多少广告狂人为之兴奋？

那时候叼着烟斗的英国移民大卫·奥格威（David Ogilvy）写出了此生最为得意的汽车广告：At 60 miles an hour the loudest noise in this new Rolls-Royce comes from the electric clock（当这部新款劳斯莱斯以每小时60英里①的速度飞驰，您能听到的最大噪音来自车的电子钟）。他卖得更好的一份文案则是伴随着麦迪逊大街流金岁月一同缅怀的回忆录——《一个广告人的自白》。“做广告是为了销售产品，否则就不是做广告。”这一揭露广告用途的观点至今对于文案的定义影响深远。文案，也是为了销售吗？销售的又是什么？

你可以说《广告狂人》是一份向广告黄金时代致敬的电视文案，销售的就是广告和电视里的产品与生活。男主人公唐·德柏雷（Don Draper）或许就是银屏版的比尔·伯恩巴克（Bill Bernbach），抑或李奥·贝纳（Leo Burnett）。作为文案创意者，他们才是行业的灵魂，决定着整个产业链条的

---

① 1英里约1.60公里。——编者注

方向。在那个美好又堕落的广告时代，文案推动着豪华轿车、烈酒、香烟在声色犬马的“二战”后的欢庆中一派歌舞升平。

劳斯莱斯汽车广告

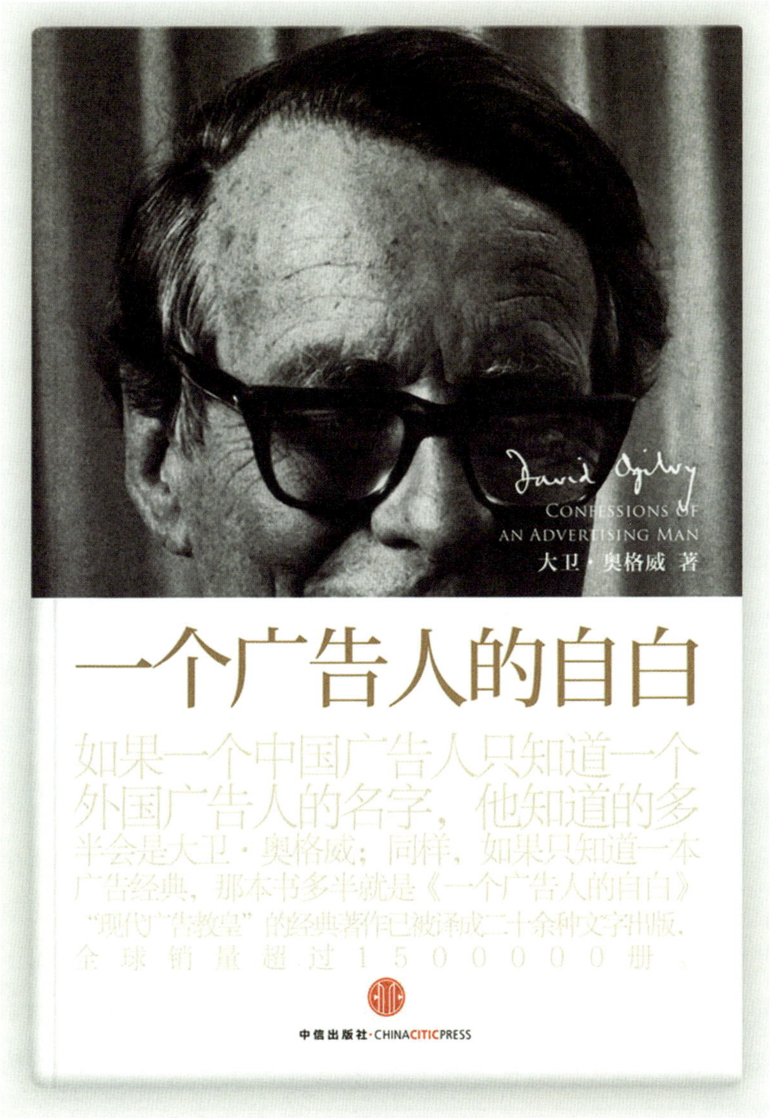
David Ogilvy
CONFESSIONS OF
AN ADVERTISING MAN
大卫·奥格威 著
一个广告人的自白
如果一个中国广告人只知道一个
外国广告人的名字，他知道的多
半会是大卫·奥格威；同样，如果只知道一本
广告经典，那本书多半就是《一个广告人的自白》
"现代广告教皇"的经典著作已被译成二十余种文字出版，
全球销量超过1500000册。
中信出版社·CHINACITICPRESS

图书《一个广告人的自白》

只是这部讲广告的剧集为何让无数不懂广告的电视观众们掏了钱？要知道它可是无广告的付费节目！它很少描述商战，也没有浓墨重彩地描绘广告创意从何而来。它的笔，都落在办公室的香烟与威士忌里，餐厅里的爵士乐和高档餐具上，无关业务的对话，起伏而漫长的剧情，所说的都是爱、欲望、占有、妒忌、傲慢、悔恨、原谅和其他的人性种种。

翩翩君子转身就是无耻混蛋，风月美人内心实则自爱自强，大龄女青年职场风生水起、情场频频失意，完美家庭主妇外表贤良淑婉、内心欲求不满，花花公子其实最在意谣言，文艺小清新往往无力直面生活的不堪，而充满野心的职场永动机没有一刻摆脱过挫败感。终归，这其实是一种为男人和女人悉心描绘的复杂到近乎真实的生活，一份有关人性的长篇小说，销售的是进入自己和他人内心世界的入场券。正如画家陈丹青看完《广告狂人》之后的一语中的：人永远想看见自己，又想知道别的窗户里男男女女在干什么。最吸引人的文案，写的都是人的欲望，无底洞一样的欲望。

一切都可以被销售。20 世纪 80 年代，广告黄金时代过后 20 年，中国作家王小波踏上了美利坚的土地，有关美国的一切，他用了一句话来描述："American's business is business."这句话的意思就是说，那个国家永远是在经商热中，而且永远是一千度的白热状态。三十多年后，一千度的白热同样在中国熊熊燃烧。"让天下没有难做的生意"，早期淘宝网一句蛊惑人心的文案，成就了今天多少个年销售额上千万的皇冠卖家！在这个一切皆有可能与商业发生化学反应的时代，文案，是最好的皮条客。

"生命本身就是一场旅行"，这一句话引发的文案效应，是路

路易·威登广告：生命本身就是一场旅行。

易·威登（LOUIS VUITTON）从 1998 年开始每年出新、集结成册的城市指南。从纽约、巴黎、旧金山到北京、上海和香港，奢侈的箱包在一群艺术家、作家和记者对旅行及城市的所谓重新定义下，成为走进熟悉或陌生风景的脚注。在这里，文案，就是为商品而营造的生活。

最贵的玫瑰卖的也不再是“我爱你”，而是“爱下去”。“一生只送一人的玫瑰”，离奇的文字规则消遣的正是每个人心中最渴望的承诺——真正让人心动的爱情礼物。文案，让商品成了信念。

为了不让曾有的“一生只爱一个人”的信念消亡，2013 年 1 月 4 日，Rose Only，璀璨绽放。Rose Only，为爱而生，繁华溃散；浮华之下，倾城绽放；经年静逝，恒如初见。Rose Only 为您献上一生只送一人的稀罕玫瑰。因为我们深信，一流的爱，弥久醇香。信者得爱，爱是唯一。

绝世独立的你，揽怀这束玫瑰，意味着，我今生只爱你一个人。记住：Trust Rose Only，trust love.①

Rose Only 广告文案：信者得爱，爱是唯一。

相信花朵，相信爱情，一种如同呵护肥皂泡般的执着，越是脆弱至极，越是加倍珍惜。一束花可以成为一份地久天长的爱情的文案，一瓶香水也能够浓缩一座城市的记忆长卷。图书馆收藏的不仅仅是一本本的图书，还包括一道道的气味。城市的味道可以封存在香水瓶里：布拉格广场的小提琴声、加利福尼亚的阳光爱情、罗马的伤感离别、曼哈顿岛

① http：//www. roseonly. com. cn/.

的蠢蠢欲望。一切美好都与商业无关，所有印象却都能灌装到30毫升容量的香水中。文案，可以让商品也成为纪念。文字、声音、花朵、气味，一切皆有可能成为文案，这是文案最牛之处，也是文案无最的原因。

只是再无“最”的文案，在商业时代也能转化成一个价格。以190亿美元之巨额价格被脸书（Facebook）收购的WhatsApp，堪称创始人布莱恩·艾克顿（Brain Acton）用5年的时间，向曾经拒绝录用自己的东家成功售出的一份史上最贵文案。“脸书拒绝了我。我失去了一个与极其出色的人物一起工作的伟大机会。期待下次生活的挑战。”布莱恩在2009年8月4日发布的这条推特（Twitter）如同一枚药引，在数据连接一切的互联网时代迅速治愈了全球无数创业者屡败屡战的决心。

这样一则网友眼中的年度最励志故事，却是无数广告和营销人的恐怖传说。这个注册用户近6亿、用户覆盖全球100多个国家、每天发送信息超过100亿条的平台，没有一条广告。公司创办5年，无广告，无营销支出，55人的团队里连个做公关的人都没有。你很难想象布莱恩也是曾经在广告平台Panama上干了近20年的“广告人”。“No Ads! No Games! No Gimcracks!”，(不要广告！不要游戏！不要忽悠!）他亲笔写在纸上的三句产品准则，句句感叹号，直戳广告营销的痛点。这可谓敌人才最了解自己，干一行毁一行才是逆袭的王道。

用户至上的互联时代，最贵的文案究竟要怎么写？WhatsApp专注到极简，背后却凝聚着强大的技术支持与成千上万次的测试改进。单一的一拳，一击，致命。这是美国人的风格。而另一款社交新神器Line，提供超过250种的表情贴图、15 000多种颜文字，显示信息“已读”以确保信息发出的贴心设计，美图拍照、贺卡涂鸦、表情定制……深入开

布莱恩的三句产品准则

发每一个细节的服务强迫症，是日本人的标签。

这款风靡日本的应用伴随着热播韩剧《来自星星的你》进入中国，外星人都敏俊和国民女神千颂伊在 Line 上眉来眼去，“二货”千女神醉酒之后用 Line 向外星人各种表白加吐槽，闷骚都教授发送完“我想你”又使用外星人能力瞬间移动把信息删除掉……试问还有什么应用能如此幸福，得以让女神男神用各种神经病行为和外星人神力为自己量身打造出一份超级文案？只有这来自星星的 Line。

“可是谁都没有女神经病千颂伊幸福好吗？”这才是无数追剧女观众的心声。《来自星星的你》对于她们更像是来自星星的十全大补丸，剧中的男神有大长腿和萌死人的小眼神，青春奕奕的脸庞搭配老成持重的情商，400 年的资产积累秒杀比尔·盖茨，还能谈论古今、吟赏风月，动不动穿个骚气的古装来搅乱姑娘们爱幻想的春心。关键是作为大众情人的他却只为一个姑娘守身如玉、死心塌地。任凭几百年来各式白富美各种耍心机、献怀抱，他就是只爱那个傻兮兮平凡的灰姑娘！

但话说回来，其实这只是韩剧文案里帅哥的标配，从《冬季恋歌》里的裴勇俊到《爱上女主播》中的张东健，是个欧巴（韩语中“哥哥”的意思）就要高富帅且专一。如今地球上的男神已经满足不了女观众们日益傲娇的择偶标准，所以这一次贴心的韩国女编剧为姐妹们带来了欧巴外挂版——外星人。都教授就是亚洲版的钢铁侠+神盾局特工+X战警，身怀瞬间移动、眼神爆灯、凝固时间等各式绝技。重点是他有拯救全宇宙的能量，却没有去投奔复仇者联盟保卫全人类，偏偏只用来守护你。这才是女人内心深处所期待的、最不要脸又最感人的爱情吧。

《来自星星的你》就是写给所有少女、中年少女、老少女的一份完美梦幻的爱情文案。在这个文案世界里，最能满足女性需求的其实不是长腿帅哥，而是那些不断造梦、勇攀重口味高峰、直抵全宇宙边缘的女！编！剧！有道是女人更懂女人心，文案要打动你的观众，首先要打动你自己。

是女编剧告诉你，女人不用为选择一个有100万元给你10万元，还是另一个有10万元给你10万元的男人而纠结，你要找到那个有1亿元，给你1亿元，相貌英俊、智商超群，并且随时可以为你去死的男人。她们用一份又一份让观众明知虚假却欲罢不能的爱情文案，传达出女性内心的真实愿望——她们要的不是男人有多少，而是男人有多好。哪怕贵为国民女神的千颂伊，要的也是一份安心和温暖，一个不论自己多么“二货”、神经病，也会傻傻守在自己身边的男人，哪怕，他来自外星。

我还要经历多少次，连再见也来不及说的分离？——也许这是外星人都敏俊写给地球、人类以及女性的一则文案。

当女人们把择偶的目光都转向外太空之后，地球上的男人怎么办？拯救他们的“女神”四年光顾一次，她的名字，叫作世界杯。据说在2014年的夏天，刚放暑假的一个女大学生在网上认识了一个男网友，两人相谈甚欢，于是决定线下约会。见面之后，男人以不舒服为由让女生送他到宾馆休息。然后他们坐在床上看女生最喜欢的电视娱乐真人秀。直到凌晨，女孩依然很精神。男人看时间已晚，趁女孩不注意悄悄在她的水里下了迷药。当女孩意识迷失的那一刻，男人迅速爬过去，掰开女生的手，抢过电视遥控器，看起了世界杯。

有人说世界杯是全球所有男人四年一次的集体狂欢，雄性荷尔蒙在这一个风起云涌的时刻集体高涨，在绿茵场上共同进退。作为全世界规格最高、含金量最大、关注度最高的赛事，世界杯所吸引的眼球，超过世界上任何一种盛会。巴西世界杯比赛首日，2 202 万球迷“微”观世界杯，揭幕战两小时内的微博讨论量超过 8 300 万，相当于每一秒中发布 1.1 万条微博。热门话题#世界杯#，阅读量暴涨至 11.2 亿。这只是中国一个国家，新浪微博一个平台，一天的数据而已。

这是足球的盛宴，更是广告的海洋，是所有顶级文案进行终极 PK 的战场。奔驰与宝马向来是中国消费者二选一的德系轿车终极 PK 种子选手，2014 年在德国对战葡萄牙的比赛上，曾经的老对手却变成了亲密的“好基友”。两家公司分别两次在相同的时间，选取具有相同元素的图片和体例一致的文字，发布官方微博，用词惺惺相惜，颇有互诉衷肠之势。比赛开始之前，宝马和奔驰的官方微博同时发表图文，宝马唱：“敬友谊，为悍将，齐喝彩”，奔驰和：“共把盏，齐上阵，同进退”。

一样的配图展示着双方旗下的赛车车型，图片左下角统一标出：WE ARE ONE！

梅赛德斯－奔驰 VS. 宝马中国

当德国队 4:0 战胜葡萄牙队之后，宝马和奔驰再次同时发布微博庆祝。宝马的上联为“再见江湖，相逢亦是对手”，奔驰的下联是“旗开得胜，合力所向披靡”。

麦当劳可以选择可口可乐，肯德基也会找到百事可乐做小伙伴，你可曾见过麦当劳叔叔和肯德基老爷爷同台卖炸鸡？时间一致，话题契合，配合完美，同类竞品在网络平台的互动营销，汽车圈内鲜有先例。文案，要的就是出其不意。

梅赛德斯－奔驰 VS. 宝马中国

竞争多年的宿敌一旦双剑合璧，果真天下无敌，矛头直指当天发布新款车型的德系汽车销售冠军——奥迪。强调高性能跑车的奥迪 R7，精心举办了新品发布会，盛情邀请媒体观看德国与葡萄牙的比赛。结果到头来，媒体和网民都为宝马和奔驰的“好基友激情”齐声喝彩，奥迪作为德系轿车的老大，这一次结结实实被老二、老三“高级黑”了一把。只是老大久战江湖，兵来将挡，水来土掩。宝马奔驰秀恩爱，大声喊出“WE ARE ONE”，奥迪淡定神回复：“I MADE ONE”。其官微海报上奥迪跑车驶过绿茵场，撕开绿茵场下棕色的土地，露出拜仁、慕尼黑球队的 Logo，一行小字无比清晰：拜仁慕尼黑球队第二大股东@奥迪。幽默、睿智、霸气，堪称文案反击的经典。

这场文案大战，到底哪一份文案最牛？写了文案的不一定笑到最后，但没写文案的一定结局最惨。德国队的世界杯之战，球迷们在朋友圈和微博里讨论的全是奔驰、宝马和奥迪，足球反而成了舞台的配角。然而在南美洲的大陆上，足球却从来不是配角，它是打开南美文化内核的钥匙，是治疗南美人民殖民之痛的一剂良药，是在这片充满激情与生命力的土地上书写出的最有律动的文案。无论富贵还是贫穷，无论肤色，无论阶层，无论地域，所有人因为一场球赛而空前的凝聚，全球共此凉热，这才是一份最牛的文案。

文案的最，究竟为何？

它是虚构的故事里最接近非虚构生活的浮世绘，满足看客的一切欲望。它最像蒸汽时代的尖端科技，从手机里的一个表情到玫瑰碗的全球最高价广告，文案体现的是这个商业社会高度发达的技术和泛滥的物质文明。它最像朋克时代的乌托邦救赎，人类总是渴求用改变与创新，来摆脱物质文明之后空虚压抑的精神世界。要科技，也要魔法。它是最能

奥迪广告

触及每个人心灵的探测针，探测每一个隐秘的需求，然后把需求转化成能够兜售的物质；人生可以用旅行箱填满，爱情可以用玫瑰代替，记忆可以用香水复制。它最浪漫，又最现实。它是人生最华丽的逆袭，是脱离现实的梦中最闪亮的那颗星星。它是最能吸引全世界关注度的话题，是能够消除万千差异凝聚同一精神的核心。它能代表所有打动你心的事物，它是一切，因而也就什么都不是。

这世上哪里有什么最呢？拍摄了苹果《Think Different》（《非同凡

想》）那则广告的导演雷德利·斯科特（Ridley Scott），多年之后站到奥斯卡的颁奖舞台上，为自己的史诗电影《角斗士》领奖。你若问他哪一部作品是他的最爱，恐怕这位文案创作的顶尖高手也要权衡再三。

还是《角斗士》里的老国王马可·奥勒在《沉思录》中说得好，人生只是一种意见。人生无最，文案无最。

创意是个球

创意究竟能创造什么?

答案是一切。

创意的“意”字本身包含很多。《说文解字》云:意,志也。何为“志”?志在四方,泛且空。“意”却也因此而更显包容。

创意是个球,它圆融,吸纳所有,联通一切。无论好、坏、美、丑、机智、愚钝……创意统统揽入怀中,再全面释放。

创意同时也在创“异”,“异”者,催化“议”也。创意总是乐于吸纳任何神秘、诡异、古怪、独树一帜的成分,创意要的正是异于平常、颠覆以往。

下面就是一则异于平常的文案。

这是美国广告人埃德·麦凯布(Ed McCabe)为美国鸡肉加工企业珀迪尤(Perdue)创作的一则文案。标题下方,三只鸡系着餐巾围坐在餐桌旁。广告以“我的鸡吃得比你还好”为题,描述 Perdue 鸡吃的到底是什么——纯黄玉米粒、大豆粉、金盏菊花瓣,这些人类称为健康食品的东西。不仅如此,Perdue 鸡只喝新鲜的山泉水。

这则文案并未就此结束。餐桌的右下角写着“It takes a tough man to make a tender chicken.”(硬汉才能烹出嫩鸡)。

我的鸡吃得比你还好

我之所以对 Perdue 鸡的饲料如此考究，原因非常简单：一只鸡吃什么，它就是什么。正因为它们吃得好，Perdue 鸡才一贯保持鲜嫩、多汁、美味，更使它们拥有不同凡响的、健康的金黄色光泽。

如果你也想吃得像我的鸡一样好，听我的，吃 Perdue 鸡。

你能感受到埃德·麦凯布的文字正在一步步地逼近你，说服你。“MY CHICKENS EAT BETTER THAN YOU DO”（我的鸡吃得比你还好），第一眼看到这句话，认为你一定会震惊并否定，不可能。如果标题只是“我们选用的××鸡，是全球广泛使用的鸡种，绝不添加激素”，那么读者对这则文案的阅读也会就此结束。

独特的标题能驱使人的好奇心，好奇心使人产生阅读文案内文的欲望，虽然有时候这可能只是为了找出反驳标题的论据。

当然，别给读者反驳的机会。读完这则内文，首先读者不得不承认，是的，你的鸡吃得确实不错；或许有些人也会迟疑一下，好吧，吃得比我好，我一般喝自来水，你的鸡吃的东西听上去都很高级。

一旦阅读者对 Perdue 鸡的好感度急速提升，之后他们的购买意愿便会被成功俘获。

由此可见，有争议的创意不见得一定是最佳的创意，但它一定是成功的创意。制造争议，本身就是创意的一步棋。

创意是个球，悄无声息地滚动在多个维度的复杂空间里。要捕捉它，也许需要的是一把造型诡异的钩子。一个令人绝望的事实是，创作人都在用着近乎雷同的工具：我们认知中几乎全部的文案创意，都盗用着当初创造文字的那一群人的创意，即所有的新鲜文案都是在摆弄古旧的东西。

为美国总统撰写过演讲稿的《纽约时报》政治专栏作家威廉·萨菲里（William Safire）曾经列出英文写作的 17 条戒律，其中的最后一条即是："Last but not least，avoid cliches like the plague."（最后一点，像远离瘟疫一样远离陈词滥调。）

何谓陈词滥调？

Till death us do part（只有死亡才能将我们分开）。

这句流传数几百年的话，作为西方婚礼上的经典誓词而为人熟知，它的诞生可以追溯到爱德华六世。在 1549 年编定的罗马天主教廷祷告书有关婚礼的章节中，"Till death us depart"作为誓词被收录其中。到 1662 年，"depart"被改为"do part"，此后"Till death us do part"一直沿用至今。

陈旧、空泛、不切实际、被无数次重复，这些特征让"Till death us do part"成了典型的陈词滥调。

然而，文案教父鲍勃·利文森（Bob Levenson）为美孚石油做的一系列文案中，有一则也以“Till death us do part”为标题。一字不差地借用，但它销售的不是象征婚姻的钻戒，而是汽车润滑油。

美孚石油平面广告——Till death us do part.（只有死亡能把我们分开。）

画面上，男人在驾车，女人陶醉于二人拥抱的缠绵世界，文案内文则写道：

Till death us do part.（只有死亡能把我们分开。）

It may be beautiful to die for love in a poem.（在一首诗里为爱而死是美好的。）

But it’s ugly and stupid to die for love in a car.（但在一部车里为爱而死却是丑恶而愚蠢的。）

……

If not today，tomorrow. And we want everyone，young and old，to have this fair shares of tomorrows.（即便不是今天，或是明天。我们都希望所有人，年轻的或年老的，能够公平参与到自己的未来。）

Mobil.（美孚石油。）

We want you to live.（我们希望你能活着。）

一方面，“Till death us do part”折射出美孚所希望的与客户间的关系——陪伴客户驾车一生的美好愿景。另一方面，这则文案以“Till death us do part”做反讽，戏谑并严肃地调教那些不顾危险地驾车来示爱的人——再这样，确实只有死能把你们拆散了。

所有人都知道“Till death us do part”只是句浪漫而空洞的美丽谎言。此处将这样一句话安置在这样的语境中，赋予了它真实可感的意味，足以让人背脊发凉，惊觉出美孚给人警示的意义所在。这可真是一句话噎死一帮人的震撼力。

这则文案的高超和精明正在于此。

诡异了，就复杂吗？不一定。复杂了，就高级吗？也不一定。当文案在创意的滋养下发育为一个具有张力的系统，极致，再极致，是实现一切的手段。

这是我能想到的最纯粹的爱情，最好的诡计。

日本作家东野奎吾的悬疑推理小说越是虐心越是引人入胜，从原著《嫌疑人X的献身》到改编电影《神探伽利略——嫌疑人X的献身》无不大卖。你可以归结为故事本身的“影视剧”基因：天才数学家失意埋名于市井，目睹隔壁母女失手杀死这位母亲的前夫后，通过严密推理和精细布局，重置杀人现场和犯罪证据，最终瞒天过海。希区柯克说得好，三流的小说都能拍成一流的电影。这部影视创作人偏爱的“调包顶罪”推理剧最终风靡亚洲，它保留了原作者东野奎吾作为一流小说家对于复杂人性的拷问——天才数学家拼尽全力守护邻居母女，不惜帮忙毁尸灭迹，又亲手杀死无辜流浪汉来重置犯罪现场，只是因为几年前他在人生绝望准备自杀之际，得到了新搬进来的母女温暖的问候。以恩报恩的付出，却通过罪恶残忍的方式来进行，凄绝冷酷中渗透出一丝异常的温情。爱是光明还是黑暗，是非对错从何判断？创意的独特，在于对人性的细微体察和深度挖掘。

精彩的创意和人性一样，从来都不是一个简单的平面，越复杂才越丰富，越多面才越吸引。引用直木奖的评语：东野奎吾将骗局写到了极致！

若把文学界的创意角逐搬到影视界的舞台，创作了《致命魔术》、《盗梦空间》的大导演克里斯托弗·诺兰一定当之无愧地入围。诺兰以形式诡谲的叙事手法和深藏艺术修养的视觉风格创作出众多经典之作，从早期的《记忆碎片》到名利双收的《蝙蝠侠》三部曲，拼接、符号、情感，在多重空间里传递着耐人寻味的讯息。永远微笑的小丑，效忠一类最爽的自由，黑暗极致。随意折叠的梦境，泄露出一种最深的无助，黑白极致。

克里斯托弗·诺兰

2014 年诺兰推出的科幻

大片《星际穿越》直接将创意空间延展到了四维太空。时空穿越、虫洞……这些夹杂着精密科学推演和虚幻浪漫主义的概念在父女亲情的主线贯穿之下融合成一篇格局宏大、概念复杂而情感充沛的综合文案。“烧脑”，这个已经和诺兰大神的作品紧密相连的标签，反映出在日复一日的平淡生活轨道上，观众有多么需要燃烧脑细胞和情感的创意！越迷离，越沉醉！

只是，烧脑神作年年有，却并非每一部都能够叫好叫座。创意，终究不是为了进入人的脑洞，而是要进入人的心房。高冷如诺兰，在邀请电影配乐大师汉斯·季默打造主题音乐时，也要求这得是一首写给“最亲密、最信任的人”听的歌。这种感觉，才是他心目中这部太空科幻电影的灵魂。

同年打情感牌的创意之作也在另一部与黑洞相关的电影中得以体现。《万物理论》的主角是全球最负盛名的黑洞理论研究学者——史蒂芬·霍金。《纽约时报》的影评指责这部讲述物理学家生平的作品却忽略了霍金成名的真正原因：他的工作——科学研究，而将过多的笔墨放在了科学家的个人生活上。是的，每个观众都不会否认这一点，但是能够让人引起共鸣的，其实是全世界都在探索的另外一个问题——人心，它就比宇宙更容易弄明白吗？终其一生，每个人都在向内进行艰苦的探寻，伟大的科学家，亦是如此。

更何况霍金这位全身肌肉萎缩、口不能言、手不能写、身残志坚的天文物理学家，一生中最多的收入并非来自科研，而是来自身为《时间简史》作者的版税收入。宇宙黑洞的理论书籍为何比相对论的理论著作好卖？作者本身的故事挖掘，才是营销文案的创意来源。没有什么比霍金本人的形象和人生故事更能体现与证明人类思想的丰富与博大，作为

《星际穿越》海报

《万物理论》海报

他思想结晶的《时间简史》已经超越了一般理论普及书籍的范畴，它让读者洞见到精神与灵魂如何突破肉体的限制，直抵浩瀚宇宙的最深之处。故事即文案，好的故事，是文案创意最丰富的原料。

文案关注的是人，有趣的是“人们往往不读文案，只读他们感兴趣的东西”。说这句话的霍华德·戈西奇被视为曼哈顿麦迪逊大街最离经叛道的广告人，同时也是反广告（anti-ads）的鼻祖。戈西奇最擅长用“快狠准”的创意文案一击致命。创意，就是看到沟通过程之中最有效的发力点。他眼中的理想广告就像一段生趣对话的开头或结尾：“想要有趣，就得牺牲广告人的自言自语，以客户（广告主）和消费者之间的你来我往取而代之。”

戈西奇大量采用随广告附送优惠券的形式，引起消费者的兴趣。如今这样的手法在互联网营销中屡试不爽，无数小成本起家的互联网公司都秉承用户至上的原则，以高精度瞄准的方式直接将文案投递到最终用户手中。难怪广告人埃德·麦凯布坦言，文案人所做的不仅在于描述一个产品或服务的功效，还在于让笔下的产品或服务能真切地为一个人的生活带来改善和慰藉，哪怕是一点魔法也好。

文案的魔法，在于抓住人心。其实每一份文案都是在试探，试探那创意的热度究竟在何种程度上能够点燃阅读对象的兴趣之火，让文案的影响力蔓延到每一个目标受众的心中。

创意是个球，常被平庸者当作传来传去的玩具。它，在等那个真正能够驾驭它的人。因为，只有高手，才能让玩具变作武器，砸向目标，不偏不倚。创意的痛点，就在于如何玩转创意这个球。

《时间简史》畅销全球1 000万册，霍金最多的收入并非来自于科研，而是来自于身为作家的版税收入。

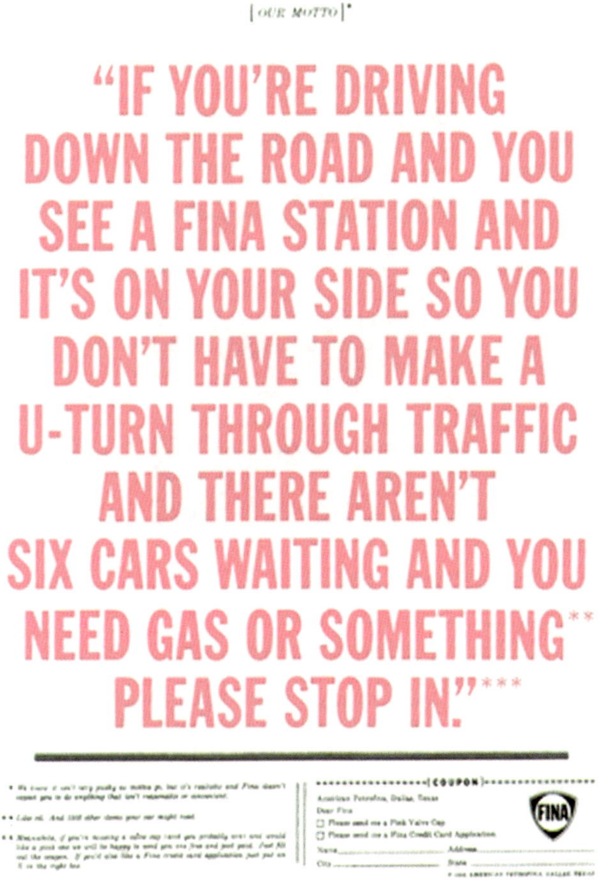

菲娜加油站广告文案：我们的座右铭——如果开车时你看到一家菲娜加油站，它正好在你行驶的那一侧，你不用掉头，不用等红灯，也不用排队，而且你正好想加油或做其他的事情，请停进来吧。

沃尔沃汽车广告：像恨它一样开它。

沃尔沃的这则广告，没有用任何一个形容词，却传达了最为丰富的情绪。据说这个创意来自于策划会中美术指导的咆哮：“你可以把沃尔沃开出去，驱之如仇。”美术指导简练的日常用语恰恰传递出这款汽车的精髓。在众多的汽车广告文案中，各种气势恢宏的叙述和辞藻华丽的铺陈早已司空见惯，简洁真诚反而成为新的创意点。

传统的文案研究者将文案细分为狭义与广义，所谓狭义指只有文字的文案，所谓广义则是图与文的结合，广义文案也意味着文案与美工的合体。

性感的身体往往穿得越少越美丽，而最好的文案则是没有文案，在这个影像漫天的年代，画面就是身体，文字渐成衣衫。当创意在图像中表露无遗时，任何的文字都显得多余。现代文案的创作，更是一种超文本的链接。仿佛在描一幅工笔，在数米长的画面上勾勒山水人物，文字是图画之外的寥寥数语，言简意长，韵味付诸留白。它又像是在拍一部电影，在跨页广告的空间里构建银幕，文字如同对白，起伏于快速放映的胶片中，留下一个最令人难忘的场景，好到连文字的影子都没有。

奥美公司的广告人陈蓉曾经说过：一条好的广告要有态度，其实很多感觉，做广告的人一说就都明白了。比如，千万别跟一个做广告的人说，要做一个“凡客”。用凡客体为自己代言的人其实都不平凡，这才是广告文案内心的自我定位——要与众不同，至少，要不同。为什么所有的汽车广告都一模一样？为什么所有的汽水广告都一模一样？用汽水广告来写汽车，又会怎样呢？反过来试试也行啊。

广告公司 HHCL 的创始人史蒂夫·亨利告诉后辈，让文案与众不同的方式有很多，例如把文字倒过来写一遍，用方言，用另一个形容词或者动词，或者都不用文字。他坦言自己喜欢的是长得不像正文的正文，“你大可说我古怪。不过，这并不令人惊讶，要知道领我初识广告的人对待广告的方法就与众不同”。当时刚进牛津读英国文学的史蒂夫接受了教授的告诫：写得最好的正文是一则路虎广告，上面其实根本没有文字，只有符号。

符号，是态度的路牌。创意大师们的兜兜转转，让他们的符号在文案的河道里流得风生水起。

自信&海拔　　自我认知&离岸的距离

个性&汗水　　想象力&远离电视的时间

Timberland（添柏岚）态度系列广告文案

影像的创意在于无言中的潜移默化。谁能说王家卫的电影不是与旗袍相关的绝妙文案？从张曼玉《花样年华》中缓缓消失在弄堂深处的绰约背影，到章子怡《2046》里曼妙摆动的柔媚腰肢，巩俐在《爱神》里的美艳与颓废，宋慧乔在《一代宗师》中的温婉与娴静，女人从内到外的一切故事与情愫，都与旗袍有关。《金陵十三钗》的旗袍设计是张叔平，《花样年华》、《一代宗师》的旗袍设计也是张叔平，在王家卫的电影里，深深打上了旗袍的烙印。说到底，还是与创作者的创意情怀有关。同样是造型，导演审视的情意不同，传递出的信息自然也是天差地别。高级影视文案的境界，一如武侠，套用《一代宗师》里宫二先生所言："看的不是招，是意。"

王家卫的旗袍只和穿旗袍的人有关，这是香港导演在年代剧中的风格。较之内地的创作者，大多数香港影人的历史格局都是从个人命运出发，无关国家、民族，所以看香港电影要先从人格开始讲起。宫二的一生专注在两件事情上，一是爱叶问，二是替父报仇。与叶问在广东的金楼初次交手，宫二身着黑色绉纱所做的白色绲边旗袍，不施脂粉，神情冷傲，因为她想赢，宫家的人必须是要赢的。大户人家的小姐脸上挂着未经世间险恶的清高与气盛，与那一身清爽利落的扮相搭配和谐。

时过境迁，在岁末年关的东北火车站，立志为父报仇的宫二对战师兄，这一次，是要以死相搏。火车轰鸣而过，白雪漫天，沉稳的貂皮大衣内裹着黑底绣金花的绸袍，素雅的白花分明地别在黑发一侧，但宫二却仔细描了眉，看出她心思缜密。仿佛所有的可能她都预料到，但也认了，见招拆招，沉着应对这认定的命运。

电影海报的设计里，扮演宫二的章子怡摆开八卦掌，厚重的外套依

电影《一代宗师》海报

然罩在身上，内里同样穿着端庄。20 世纪 30 年代的旗袍，开衩却只到小腿，内敛含蓄到保守。《花样年华》中，王家卫把儿女私情困进那高领旗袍里，拘谨婉约，隐忍失落。数年之后，他又用同一个款样的旗袍，困住宫二的人性。相知的欣喜，复仇的激动，离别的哀愁，牢牢地稳在了宫二层层叠叠的暗花绸缎和厚重大衣之下。以旗袍做引，一部讲功夫武侠的戏，也能被拉进曾经在爱情戏里一次次低吟浅唱的审美格局中。一幅海报而已，人物的一生却尽在眼底。

《一代宗师》：世间所有的相遇，都是久别重逢。

功夫，两个字，一横一竖。对的，站着，错的，倒下。只有站着的才有资格说话。一代宗师说过的话，在文案江湖里未必是真理。

瞬息河东，瞬息河西，只因为：创意是个球啊！

“看见一只鸽子在 Smart 车上拉屎，并击沉了这辆车。”一个网友在推特上对自己 4 000 多个粉丝玩笑般的吐槽，却触及了 Smart 的槽点，引发了社交媒体潮水般的大量转发与评论。这是一个典型的社交网络危机公关案例，常规的选择可以是置之不理、正面辟谣，抑或发动水军侧面反击。Smart 品牌团队却抓住这一机会，在自己的官方推特上和网友一起玩起了“自黑”的高级创意，严肃认真地做出计算——450 万只鸽子的粪便才可以击沉 Smart 车，或者 36 万只火鸡的粪便或者 4.5 万只骆驼的粪便。官方推特的参与让品牌与消费者的互动迅速升级，Smart 品牌团队一场趁势而上的自黑，瞬间成为刷新价值观的高级洗白。

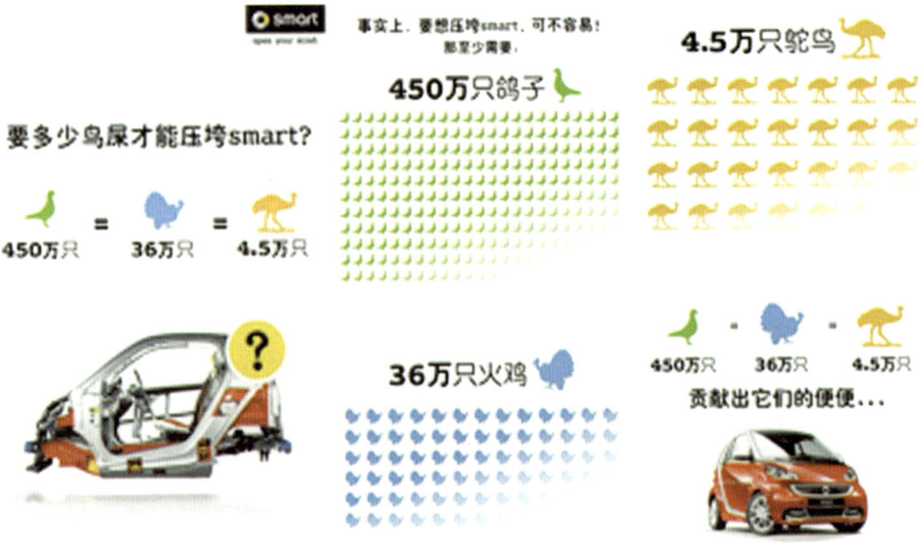

Smart 社交媒体文案

现代文案人的职业功夫不是自律，不是自强，而是自黑。

从来不知道甘拜下风，也从来不亲昵自强不息。

有创意在手中滚动，有创意负责底线，发力文案，捍卫尊严：销售，也消解，最好消灭！

这才是文案大咖正常的价值观。

下面这则是2013年戛纳广告节文案类银奖作品《一瓶椰子汁的独白》的文案。

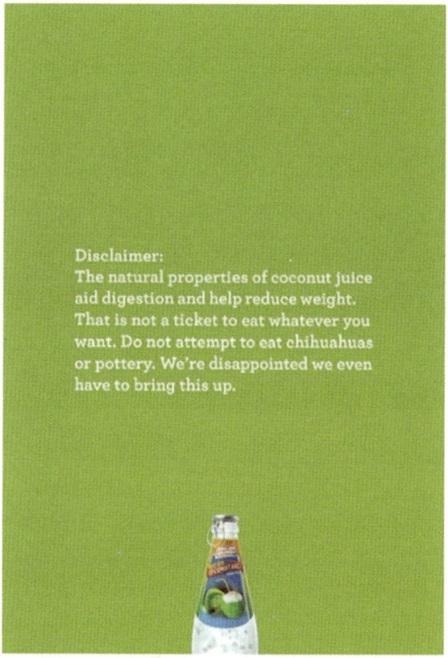

一瓶椰子汁的独白

免责声明

我们椰汁所含的天然营养能帮助消化，进而降低体重。但这不意味着你可以随心所欲地吃。举个例子，吉娃娃狗和陶器就不可以。噢，我们竟然还需要做这样的警告，真令人失望。

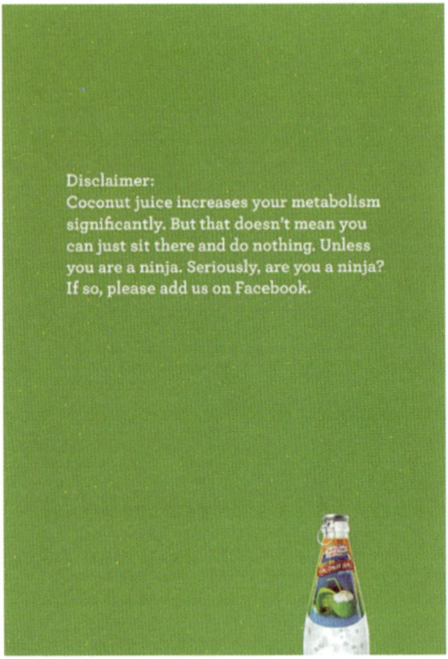

一瓶椰子汁的独白

免责声明

我们的椰汁能显著提升你的代谢。当然前提是你不是坐在那儿一动不动。除非你是个忍者。说真的，你真的是忍者？如果是，请加我脸书。

两则广告开头都在貌似正经地强调自己所含的营养价值及功能。一般的椰汁广告或者健康饮料广告在营养价值方面会丝毫不省笔墨地强调，然后告一段落。

而这里则不然。第一人称叙述，简短的一句话夸完自己哪里好之后，开始节制——你不能随心所欲地吃，也不能总是静止地坐着，毕竟我只是瓶椰汁。之后便开始一反常态地装疯卖傻——别随心所欲地吃，吉娃娃和陶器不能吃；别坐着一动不动，除非你是忍者。最后竟然又貌似正经地抒情——太令人失望了，居然需要我做这样的提醒；你是忍者吗？你真的是吗？如果是，加我脸书！

美国广告人李奥·贝纳（Leo Burnett）称赞了这两则广告，称其起承转合几乎都可媲美微小说或剧本。这就是与生俱来的戏剧性，每一件商品，都有戏剧性的一面。

提起旗袍和凤梨罐头，第一个想起谁？答：王家卫。

提起羊蝎子或者东坡肉，第一个想起谁？答：苏东坡。

苹果呢？亚当、夏娃、牛顿、乔布斯。

以每个人生命中曾经历过的事件或者物体作为创意的切入点，用自己的情怀触动观者的情怀，文案因此可以在情感上博得对方信赖和共鸣，让商品的存在变成一种无法割舍的陪伴。

例如，2012 年，村上春树为札幌啤酒所做的电视广告文案《跑步》：

> 第一话
>
> “疼痛无法避免，磨难却可以选择”，记得曾经有这样一句话。
>
> 每当我长跑的时候，脑海里就反复出现这句话。
>
> 痛苦是理所当然的。
>
> 但是，以何种方式承受痛苦，却是自己可以选择的。
>
> Suffering is optional.
>
> 是气馁，还是坚持，也是由自己选择。
>
> 所谓的痛苦，就是我们手中还握有选择的权力。
>
> 第二话
>
> 对于像你我这样的普通跑步者来说，在比赛中胜也好败也好，都不是重点。

能不能完成自己制定的目标，比什么都来得重要。

判断权凭你自身。

为了只有自己能够认同的，

为了无法向他人说明的，

为了只有经过长时间才能显现的，

我们埋头奔跑，或是像这样写成小说。

第三话

终于抵达终点的马拉松村。

在烈日下跑完了42公里的成就感，完全没有。

脑中有的只是："啊，终于不用再跑了"，仅此而已。

在村里的咖啡店歇口气，满足地喝下冰啤酒。

啤酒当然美味。

但是，远不及我在奔跑时想象中的那么好喝。

头脑发昏的人所抱有的幻想般的美好，在现实世界中是不存在的。

第四话

跑步时脑中浮现的思绪，就像天空中的云。

各种形状、各种大小的云。时而飘来，时而散去。

但是天空始终是那样的天空。而云只是过客。

它们经过，然后消失。

在暑天思考炎热，在冬天思考寒冷。

在诸事不顺的日子里，就比平常更长久一些，更艰苦一些，多跑上一圈。

在这之后，留下来的，只有天空而已。①

这则电视广告文案由马拉松爱好者村上春树执笔。虽然我们不全都是跑步爱好者，但只有极个别人没有跑过步。

1982 年的秋天，村上决定以写小说维生，他跑步小说家的身份也由此开启。为了保持身体健康，他开始跑步，每天凌晨四点钟起床，写作四小时，跑十公里。此后的 30 年里，他一直坚持跑步，甚至参加马拉松、铁人三项等。2009 年他出版的随笔集更是命名为《当我谈跑步时我在谈些什么》。

村上春树用自己最平凡而独特的人生体验为啤酒做文案。他的人生隐藏在这四则文案之中，可是关啤酒什么事？除了一句“在村里的咖啡店歇口气，满足地喝下冰啤酒”，别的大抵无关，但日本人跑步的时候，大概会有那么几个人会因此想起札幌啤酒。

创意是个球，滚动着，行进着。前一秒还是风景的东西，下一秒就可能变成过眼烟云。

没有一个创意能始终滞留原地，没有一个创意可以永恒持久。被称为美国广告创意专家的森特·格威克说得好，创意就是你发现了人们习以为常的事物中的新含义。

反过来说，当事物中的新含义让人们习以为常，创意也就不再是创意。再好的创意也只在其出现之初的几天、几个月或者几年时间内保有新意，之后便只是凭借“创意”这个身份被人记住和讨论。

复古是创意的拐弯，拐弯之后，路依然在。

创意的球，永远滚在路上。

---

① 妖娆棉花，《村上春树：札幌啤酒文案》，豆瓣小组“必见辽阔之地”。

别以为“你懂的”

文案的世界，你，真的懂得？

文案所描绘的世界究竟是真实的，还是一切皆为假象？

美国导演德瑞克·伯特写了半辈子的文案，最终以一部电影，来讲述他对文案的“懂得”。

一个人均年收入超过10万美元的美国中产阶级小镇，迎来了琼斯一家。镇上所有的人都羡慕这家人，他们富有，而且还幸福。女人们羡慕琼斯太太，她的先生高大英俊，还那么爱自己的太太，对她呵护备至，连她敷着面膜的脸都要印上无数热吻；男人们也羡慕琼斯先生，他的太太性感美丽，还对老公一往情深。他们有一双漂亮可爱的儿女，还拥有全镇人民都向往的物质生活：高档家具、名牌服装、最潮流的电子设备，所有一切都是电视和杂志里才能看到的最新产品。

琼斯一家人迅速成为全镇的明星，居民们纷纷前来拜访，琼斯一家也乐于展示。被太太们称赞皮肤白皙水嫩的女主人，总是能不经意间从高级皮包里掏出化妆品，送给周围的女人，还轻描淡写地附上一句：我知道某某明星也在用这一款。男主人的各种高级玩具让所有男人眼红，他的高尔夫球杆总能打出最棒的分数，他的3D游戏图像总是最清晰，他戴的手表恰好就是时尚杂志上的最新款，连他抽的雪茄都味道最香醇。

《琼斯一家》海报

他们家的聚会充满惊喜：品尝着可口的食物时，女主人告诉邻居你也可以做到——原来某品牌的速冻食品是如此的方便又美味；畅饮着冰爽的啤酒，男主人告诉邻居只有进口啤酒才是这样的味道；儿子房间里最新款的互动游戏让所有男孩子兴奋无比；女儿房间的口红引发所有少女惊喜尖叫。

这才是理想中的美好生活！小镇上的居民竞相效仿，越来越多的男人开起了和琼斯先生一种品牌的跑车，戴起了跟他一个款式的手表；越来越多的女人穿上了和琼斯太太一样的风衣，拎上了和她一样的名牌手包。可是这家人总是能秀出更好的东西，无论是手机、电视甚至马桶，不管邻居们如何努力，都赶不上高高在上的"琼斯一家"，仿佛他们是一则无法翻

电影《琼斯一家》剧照

越的神话。抑或，是谎话？

因为“琼斯一家”事实上根本就不存在，他们不是一家人，而是奢侈品收买公司雇用的一个销售团队，利用精心打造的所谓“幸福家庭”来带动整个小镇的消费。

这样的故事，在生活中是否似曾相识？

微博、微信里总有那么几个朋友，把自己的护肤品、衣服、皮包、名表、名车或者旅游纪念照晒出来刷屏。然后一面感叹花费超支，一面说明这些东西是多么的值得，让自己的生活变得更加美好。在影楼里拍摄的婚纱照总是放大挂在家里最显眼的位置，照片背景里还有那些豪华梦幻的婚礼仪式和现场装饰。因为照片里的男女都要比生活里的夫妻显得好看，婚礼上的情节也总是比婚姻中的现实要显得幸福。

只是，真实的生活里，谁能永远微笑？谁又能一直保持那个最美丽的姿势？柴米油盐的家始终和样板间距离遥远，模范夫妻的恩爱照片也只是挂在家里的风景，梦幻与现实的鸿沟始终横在眼前，却从来都不能跨越。

电影《楚门的世界》海报

楚门：你是谁？

创造者：我是创造者，创造了一个受万众欢迎的电视节目。

楚门：那么，我是谁？

创造者：你就是那个节目的明星。

楚门：什么都是假的？

创造者：你是真的，所以才有那么多人看你。……听我的忠告，外面的世界跟我给你的世界一样的虚假，有一样的谎言、一样的欺诈。但在我的世界你什么也不用怕，我比你更清楚你自己。

是你太真实，还是文案太假？十几年前另一部奥斯卡经典影片《楚门的世界》就对文案的虚构世界提出了的疑问。

从《楚门的世界》到《琼斯一家》，美国电影中对于广告文案的反思，让所有人在这个营销无孔不入的社会对自己的选择日益困惑——你可以像楚门那样，选择不自知地生活在虚假的美好世界里任人摆布，也可像琼斯一家人那样，选择心知肚明却依然带着灿烂笑容去颠倒众生。

文案打造的，或许只是比真实更美好的替换人生。只是不要忘了，模板人生和广告文案的命运殊途同归，开始的时候令人艳羡，最后却发现这可能只是个谎言。

当生活成为广告，人生成为文案，我们的生活应该怎样继续，我们的人生又应如何抒写？你，真的懂吗？

《别以为你有格调》

我始终记得节目初创的那些日子，人们看待我们就像看待魔术师一样，一群告诉大家怎样才能把兔子装进帽子里的魔术师。可是真相是：在这个行业里，令人抓狂的紧急情况随时都可能发生。比如，你正在等待着一批从海上运过来的丝织品，表演秀明天就要开始了，可是船却尚未靠岸。你该怎么办？撤掉表演秀里面的14 套服装吗？

不行，你总要想办法解决，无论用何种方式。这就是一次时尚界突发的“9·11”事件，你必须马上应对，而不是假装它不存在。

即便是这个世界上最会装点自己生活的人，人生也无法写成完美的文案。美国时尚节目《天之骄子》的评委蒂姆·冈恩，作为时尚教父在节目里毫不留情地解开时尚美丽外衣下的残酷真相：“这是一个要求苛刻、令人极度痛苦的产业。你必须拥有极其强大的动力和对这项工作的极度热爱才能取得成功。”没有哪一种美丽可以自始至终都得来容易。别以为那些外表的浮华和神秘，就是有格调。

建构光鲜靓丽的时尚王国的教主，其造梦箴言却朴实得如同来自为你搬家的农民工大叔。“你要对别人好，你要认真对待你的工作，你要保持诚信，你必须充分利用你手上的资源来进行工作。”站在T台侧面的资深大咖，其实是这样指导那些看上去不近人间烟火的时尚达人的。这一点，你懂吗？

从《天桥风云》到《名模生死斗》，一轮又一轮的时尚真人秀传达的都是同样的道理：美丽的背后总有辛酸艰苦，时尚本身就是严肃而残酷。美女，都是狠角色。那些紧实的肌肉和流畅的线条是日积月累的长跑训练塑造而成的，娇嫩的皮肤和良好的气色来自于对饮食和睡眠的严格控制。而仅仅有一副好皮囊还远远不够，如何在众目睽睽之下气定神闲地穿上“恨天高”走T台？怎样才能在10秒连拍里最大限度地诠释服装的内涵？又应该用哪一种演绎，在一幅大片里讲述像电影一样情感丰富的故事？“把每件事情都做到百分之一千，总有一天，你也会成为总编的！”设计师蒂姆·冈恩对在星巴克替老板排队买咖啡的杂志社助理都如是说。360度无死角的视觉盛宴，说到底，讲求的是对细节3 600度的讲究和挑剔。蒂姆告诉你：“不要在吃饭的时候发短信，不用只有一个词的电子邮件来代替正式的答谢卡，不穿短裤去剧院，也不要仅仅满足于追求舒适胜于礼貌、追求简单胜于款式这种当代流行的趋势。成为其他人的良友，保持魅力和吸引力，获得成功，这些事情绝非侥幸得来。拥有好的职业和幸福的家庭生活，这些都是大量辛勤工作的必然回报。”

如何对待他人，如何对待工作，如何对待生活，这些最终决定了我们成为怎样的自己。《别以为你有格调》，说到底是问自己一个问题：什么是你该做的正确的事？在新科技产品无所不在、信息四通八达的网络世界，仿佛换一个匿名马甲，人生就能重新来过。可惜不论选择哪一个游戏角色，通关的道路还是一样漫长。有句话怎么说的？你只有十分努力，才能看上去毫不费力。那些长得漂亮、干得漂亮、活得漂亮的人，个个都是狠角色。

你以为所有作家都是文思如泉涌，灵感似神来之笔吗？他们只是对自己下得了狠心，在文思枯竭的下午，也愿意坐在咖啡厅里盯着电脑屏幕绞尽脑汁，而不是像周围的人一样，享受阳光，静静发呆。

所有的作家都憎恶写作。这是德高望重的美国剧作教授理查德·沃尔特在早年担任好莱坞编剧的时候就彻悟的道理，也是他让所有希望成为编剧的年轻学生谨记的第一条基本规则。

“原来我不是唯一那个畏惧空白纸张的作家，每天挣扎地逼着自己坐到写字台前，磨蹭偷懒，为了不把手放在键盘上而去从地毯上捡线头。我相信，这种恶劣的习惯属于所有的作家。”在好莱坞编剧协会组织的罢工游行上，沃尔特和其他知名不知名的编剧们一同分享身为作家的各种拖稿借口，以及为了延迟写作而使出的或聪明或怪异的伎俩：“其中一个作家说他是茫然地盯着窗外的车辆，当数到第十四辆后面有内布拉斯加车牌的汽车开过去后，才开始写作。另一位编剧说，他开始写作前要播放柔美动听的爵士乐作为背景音乐，把所有的铅笔精心削好，测试打字机的色带，最后还要给冰箱除霜。”

所以当你也为写作而一筹莫展的时刻，试着用用这些“刺激灵感”的招数吧。

当然写作也有充满幸福感和成就感的时刻，当你的文案终于历经波折出现在了杂志底页或是街头广告牌上，当你的 slogan（标语）被电视里的帅哥美女一遍又一遍地重复，或是忽然有一天你在微信朋友圈里发现有人分享了你推广的话题。在这个文案构筑生活的时代，置身其中远远不够，每个文案人都需要有构筑文案帝国的野心。即便建设的是海市蜃楼，编造的是弥天大谎，也必须用它们来表现真实的主题。

这份工作本身就是在现实与虚构之间交叉游离，越暧昧，越吸引。娱乐与艺术，文化和商业，推销与传播，在文案的世界里，别以为什么都是那么泾渭分明、界限清晰。

《麦克白》海报

007 系列电影海报

再高级的文案，也是为了读者而写。一年又一年，英国特工 007 系列的电影故事总是能够吸走来自全世界的票房，半个多世纪以来一直打造“詹姆斯·邦德”电影的布洛柯里家族借此荣登好莱坞电影世家。可是制片人艾伯特·布洛柯里依然“自降身价”，在接受媒体采访时宣称自己完全明白007电影不是《麦克白》，而仅仅只是娱乐。只是《麦克白》难道就不娱乐吗？那里面也有女巫、悬疑和美女，情节同样曲折离奇，充满谋杀、剑斗、复仇的元素，饱含阴谋、欲望、贪婪的情绪。娱乐，这个长久以来被媒体用到滥俗的词汇，其实和艺术并不矛盾。《罗密欧与朱丽叶》被演绎成为21世纪的《莎翁情史》，也照样能够荣膺奥斯卡奖并流行全世界。永远有观众的文案，才能叫作历久弥新。

再高级的文案，也要有商业价值。《蒙娜丽莎》是作为画家的达·芬奇为贵妇人提供的图像文案，如今成为罗浮宫的镇馆之宝。而西斯廷教堂里画满整个穹顶的《上帝创造亚当》，每天吸引着成百上千名世界各地的游人付费参观。它不也是身为虔诚教徒的米开朗琪罗为宗教书写的一份传世文案吗？“商业”二字，从来不是贬义词。在《牛津英文辞典》中，商业除了作为“交换”的常见定义，还意味着“物质上的沟通”，暗示着“与神灵、精神、激情、思想的交流”，尤其是关于“生活中的事物”的“交流与传播”。让人们心甘情愿掏钱的文案，一定有它的原因。商业的成功从某种意义上来讲，正是文案创作人在精神和物质生活上搭建桥梁的成功之处。

作为最成功的商业文案品牌，“Made from Hollywood”（好莱坞制造）成为所有影视文案的金字招牌。这是一个造梦的工厂，有着无数天马行空的艺术家，同时还有更多技术高超的影视工匠，以及数量更是翻倍的营销宣发人、销售专员、法务、经纪人、版权开发者、衍生品售卖方……你以为《钢铁侠3》里住进医院的保镖只是随口说一句“《唐顿庄园》是我最爱看的电视剧”吗？《变形金刚》中炫酷的奔驰跑车只是恰巧出现在拍摄现场？无数的文案，都围绕着电影制作展开，构筑成一张巨大而密集的商业网络，这才是真正的好莱坞王国，一个把艺术与娱乐、文化与商业、推销与传播紧密联合的世界。

生活在商业社会的我们都需要遵循这个世界的法则。在高校教了大半辈子电影编剧的理查德·沃尔特告诫学生的第一入门指南，即是："如果你不能忍受浮华，如果你不喜欢鲜艳、明亮、火爆、引人注意的场面，不喜欢干脆、刺激的对话，不喜欢夸张、粗俗的动作，不喜欢绚丽、招摇的效果，那么，你想成为大众流行艺术从业者，可能就是在人生道路的某个路口转错了方向。"炫目火爆的画面总是能够吸引眼球，短平快的搞笑段子也经常能够迅速传播。即便是时尚女王（Vera Wang）王薇薇，打造唯美梦幻婚纱的要义，也是迎合大众的需求。每个女人都想拥有一件的 Vera Wang 婚纱，但 Vera Wang 婚纱修饰完美新娘的秘诀并不是婚纱本身的华美，而是选择宽肩膀、大屁股的模特。

想要掌握那些看来玄妙，其实简单的秘诀，就必须抛开成见，鼓起勇气，去做一个什么都不懂的傻瓜。量体裁衣的道理，在哪一个世界都是通行法则。可是 90% 的正常人是什么身材？这是日积月累的实践中才能掌握的经验。从标题到内文，如何写出一篇具有高传播力和可读性的文案？美国市场调查公司 Takipi 分析了网络上最受欢迎的 100 篇博客文章，最终整理出撰写标题的要义：

给你的读者数字——越大越好。研究发现标题中数值越大的文章，传播范围越广，例如"8 个做……的原因"、"15 条……的要点"。越是多样化、操作性强、可读性强的标题，就越容易引人注目；能用数字就不要用文字。"10 种……"要比"十种……"更为有效，这是一个很容易记住的小要诀；

把数字放在句子的开头。"5 种社交媒体改变世界的方式"要比"社交媒体改变世界的 5 种方式"效果更好。

VeraWang 婚纱平面广告：每个新娘都值得穿上的白。

现实中很少有女人身材完美，90%的正常人都有腰长腿粗屁股垂落的问题，所以，我的婚纱会特别考虑背后的细节和线条。如果一条婚纱在我的宽肩膀大屁股模特身上都能穿得好看，我就不担心它在克里斯蒂·惠廷顿身上会是个什么模样，反正她穿个麻布也难看不到哪儿去。

——Vera Wang

当然，不是所有的文章都在列清单，在其他情况下，标题的撰写也可以考虑这些原则：

每个人都想知道“我该怎么办”。用“指南”、“初学者须知”、“5 分钟学会”或者“DIY”，满足大家的求知欲。训练有素的文案写手都知道，一个有效传播的标题之所以有效，是因为能够让读者学到更多。正所谓有干货才是王道，每个人都有积极向上的求知欲。只是看过太多“如何……”的文章之后，再好奇的宝宝也会审美疲劳，迷失在各种技能指南堆积的汪洋大海中，该如何“破”？武侠中的剑走偏锋，讲究的是一击致命，文案的江湖，也是同样的道理。专注而直接的说明，要比泛泛而谈更为夺人眼球。“如何更好地管理你的时间” VS.“5 分钟学会更高效地管理时间”，后者的优势在于表意具体，要点集中。

在被病毒肆意侵略的网络平台，那些如同病毒般传播的标题关键词，也同样值得关注：聪明、惊呆、科学、历史、黑客、巨大、批评……分析能力强大的研究软件甚至总结出了撰写一个高点击率标题的公式：

数字/引发词 + 形容词 + 关键字 + 承诺 = 标题

例如，一则介绍如何给猫咪洗澡的文章，可以命名为“如何给猫咪洗澡”，也可以起名叫“18 种绝妙的猫咪洗澡方式”。“一天卖掉你的房子”，更好的公式套用结果是“24 小时内轻松卖掉你的房子”。

只是，当标题已经有了现成的公式，文案的创意又在哪里？当机器也能操作之后，文案写作将走向何方？在 SEO（搜索引擎优化）就是一切的网络时代，我们已经被太多的标题党所包围。点击量、转化率、KPI（关键绩效指标）成为每一个文案背后的压力指标，可是文案要的，仅仅是一串数字吗？随着“干货”一词越来越多地出现在标题中，做一名有信仰、更节制的标题党，必须相信文案作为干货的力量。

作为一名有信仰的节制标题党，你需要吸引你的目标受众，让你的推广对象与众不同，最后还要让文案能够令人回味。这和文学翻译信、达、雅的标准殊途同归。《Gone with the Wind》可以直译为《随风而逝》，但是《飘》显然更有令人遐思的韵味。

2012 年美国环球影城的爆笑喜剧《TED》，最大的亮点就在于一只满嘴脏话、行为龌龊却外形呆萌的泰迪熊，台湾版译名抓到这个亮点，结合电影反映的宅男生活主题，翻译为《熊麻吉》。“麻吉”来自英语“match”，在台湾作为日常口语大为流行，衍生成为般配默契、好基友的含义，“熊麻吉”的翻译与电影中男主角和泰迪熊的关系起到了绝妙的呼应作用。

电影《TED》(《泰迪熊》)海报英文版和台湾版

电影《The King's Speech》(《国王的演讲》)海报英文版和香港版

2012年的奥斯卡最热影片《国王的演讲》，大陆版翻译中规中矩，惊喜的中文表述来自于香港版。在这片娱乐精神至上的昔日英国殖民地，无论是正剧还是无厘头搞笑片，不管是对于英国国王还是街头小混混，港人都愿意娱乐一把。“皇上无话儿”这样一个扎眼的翻译，也只有香港人看到最为开心吧！“无话儿”道出了国王天生口吃的缺陷，但是这个词的双关含义估计是吸引广大观众的重要原因。影片海报的图片选取也颇具用心，不知道的还以为国王背后的澳大利亚老师篡位当了皇上，或者皇上转行当了太监。中国影迷们都热衷于坚信“英国多腐剧”，这部有奥斯卡大奖护持的历史正剧，也难逃被“腐”的厄运。

电影《Slumdog Millionaire》（《贫民窟的百万富翁》）

海报英文版和香港版

《贫民窟的百万富翁》（内地版），在香港版中被译为“一百万零一夜”。香港文案人这一次显示出了浪漫的想象力，这一标题借用了童话《一千零一夜》的典故，把电影和书之间的巧妙集合完美地对接到了一起：它们都是以一则又一则小故事的方式娓娓道来，也都描绘了成人童话的笑中带泪、温暖励志。

电影《Mr. & Mrs. Smith》（《史密斯夫妇》）

海报英文版和香港版

《史密夫决战史密妻》（港），内地版再次中规中矩，将当时正在热恋、疯传绯闻的布拉德·皮特和安吉丽娜·朱莉的定情之作直译为《史密斯夫妇》。而香港版的翻译再次另辟蹊径，兴许是担心规矩的翻译方式会让观众把这部影片跟家庭情感剧《克莱默夫妇》有所混淆，把英文的“&”（和）大胆改为“决战”，简捷新颖，意味十足。

《型男飞行日志》（台）/《寡佬飞行日记》（港），香港和台湾的翻译形式相差无几，但是“型男”和“寡佬”这两个颇具地方代表意义的词，在不同地域都能发挥各自最为贴切的功效。其实说的都是“钻石王老五”，只不过“型男”听来更为“钻石”，而“寡佬”有可能只

电影《Up in the Air》(《在云端》)海报英文版、香港版和台湾版

是一个普通“王老五”，港人的调侃精神再次在这里得以体现。值得一提的是内地翻译的版本——《在云端》，虽然再次中规中矩地直译，但也不失意境，听来更像是引人遐想的文艺剧情片，立刻比香港、台湾版高大上了许多。

有信仰的标题，相信的是文字的魅力。打开内文之后，靠的则是文字的蛮力。好的创意文案具备直击内心的力量，无效的文字游戏，要慎玩。

美国的研究公司在分析了所有传播最为广泛的推特信息之后，总结出的第一要义是：Less is more（少比多好）。即便推特的字数限制是144 个单词，但是研究表明，字数少于 80 字的消息，其传播力度要比其他消息高出 66%。

而在这些传播度最高的信息中，句子短、动词多、形容词少的消息，得到了最多的关注。简而言之，写社交文案的要诀就是——少废话，多干事。

这个世界上从来就不存在什么完美的文案，一如从来就没有完美的生活。精简有效的文字，是为了避免过多的不完美，一如生命本身就写满了错别字，而聪明的人，总是懂得沿着错别字续写辉煌的人生。优秀如希拉里·克林顿，人生依然有不完美的遗憾，在老公有外遇的那一刻，全世界都看到了她婚姻中的瑕疵。然而人生的书写总要继续，好的剧本总是跌宕起伏，在低谷处亦能峰回路转，一路前行。

我们两人相爱数十年，诞有一女，历经父母亡故，都需承担照顾家人的责任，共有一群终身至交，价值信仰相同，一心为国家效力——我该如何解释这一切呢？没有人能比比尔更了解我，也没有人能像他那样让我开怀大笑。这么多年过去，他依然是我见过最风趣、最有干劲、最富生气的一个人。1971 年春，比尔·克林顿和我开始交谈，30 多年后，我们仍然无话不谈。①

——希拉里·克林顿，《亲历历史》

这段由希拉里本人公开谈论自己情感的描述，文辞平实，尽是事实的铺陈，却字字有力。法学背景出身的女政治家，即便是为了竞选造势高调出书，也保持着严谨内敛的文字风格。文如其人。希拉里的生存之道是逻辑严谨，始终追求更好的自律和更高的操守，而她面对生活的勇气，绵密有力，水滴石穿。作为一份竞选文案，《亲历历史》的内容饱含噱头，而所有的话题却又隐藏在张力丰富的文字背后，于低调简洁中闪烁着锋利的光芒，一如图书的封面，置身于黑白背景中、希拉里平静却耀眼的笑容。

---

① 〔美〕希拉里·克林顿著、潘勋等译：《亲历历史——希拉里回忆录》，译林出版社，2003 年版。

希拉里·克林顿自传《亲历历史》

我并非生来就是第一夫人或议员，并非生来就是民主党员，并非生来就是律师或妇女权利及人权的倡导者，并非生来就是妻子或母亲。没有人是。

这本书的第一句话，已经足够吸引所有人继续阅读。在事业及家庭的双重压力下，这个女人非但没有被压垮或者自我放弃，反而更加激发了自己维护国家宪法和维持家庭的欲望。如此美国梦式的个人奋斗故事，如此低调内敛却收放自如的讲述方式，所谓柔中带刚的女性政治力量，在文案中，同样游刃有余。

即便生命写满错别字，优质的文案也善于用错别字写出高妙的文章。都是描写帅哥吃软饭的一生，《红与黑》当中的于连最终就只能上断头台，《漂亮朋友》里的杜洛瓦却飞黄腾达。都是当情妇，罗丹的情人卡密尔最后病逝于疯人院，而可可·香奈尔不仅缔造了自己显赫的时尚王国，而且还被《时代周刊》评为20世纪影响最大的100人之一，至今被无数名媛淑女所拥戴。

人生本来如戏，文案只是用虚构或非虚构的方式，写戏，拍戏。会写很重要，会演更重要。再好的文案也要与现实的人生相配合，无论这一生是真实还是虚幻，我们都只活一次，有意义是好，有创意最好。你，懂了吗？

内容效忠形式

内容为王，形式为后，文案的世界里，是谁为谁服务甚是暧昧。

这种暧昧，已然在出版人的文案系统里持续经年。

1962 年，后来成为美国编辑艺术与技巧标准读本的《编辑人的世界》问世。这个时段在美国出版业历史上是个微妙的年份，以精装书为主流的出版业开始迎来平装书的天下。书籍形式上的改变，带来的是一个大系统的革命。

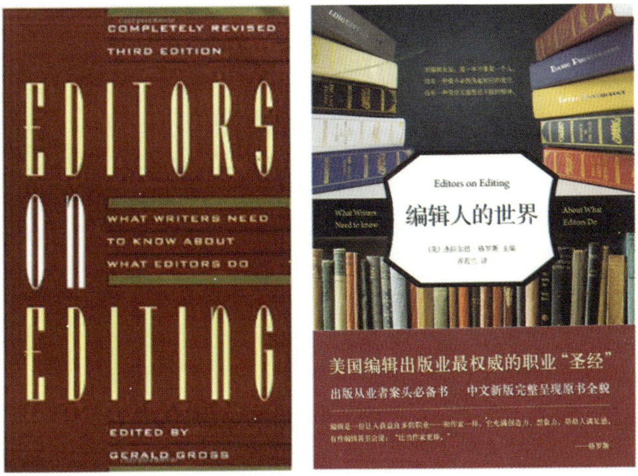

图书《编辑人的世界》英文版和中文版

精装书时代的出版社兰登书屋创始人贝内特·瑟夫，用奢侈品的制作精神定义着一本书从封面、扉页到插图等系统文案的品质。从内到外的全套装帧设计可以请到知名版画家洛克威尔·肯特亲自加盟，印刷的品质直接由潘森印刷公司的老板负责监督，不问报价，直接结账，堪称图书界的土豪。不计成本的结果，便是树立了兰登书屋制作精品图书的牢固形象——兰登的现代文库系列至今仍然是精良品质图书的不二之选。

贝内特对形式感最为极端的追求，是20世纪30年代出版的《白鲸》（*Moby Dick*）。在最初版本的书衣和封面上只印有两则信息：《白鲸》，洛克威尔·肯特绘制。① 装帧设计师的地位甚至高于原著作者，形式至上到如此地步，让作者梅尔维尔（Herman Melville）情何以堪？

在20世纪初叶出版业最为鼎盛的时代，严肃文学与精装书几乎是画着等号，出版界对于形式感的追求也可谓是登峰造极。兰登书屋的现代文库图书部支付高昂的价格让著名制版专家埃尔默·阿德勒重新制作书衣，用雅致柔软的气球布代替人造革，为的仅是避免炎热的夏天人造革散发出的蓖麻油气味。②

即便之后纸皮书在美国市场盛行，改变了精装书一统天下的局面，人们对于图书封面等形式感的追求，也从未止步。

1939年，英国企鹅出版社的总经理艾伦·莱恩看到了伦敦经济学院的美国研究生伊恩·巴兰塔研究平装书业务的毕业论文，大为欣赏，随即聘请巴兰塔开办企鹅公司的美国分社，同年，纸皮书在美国市场出现。

巴兰塔在创办初期沿用企鹅公司在英国的简约设计风格，图书封面除了题名、作者名、企鹅公司Logo，几乎没有太多其他元素，这样的外

---

① 迟斋博客，《书与藏书票风景·肯特与兰登书屋》。

② 〔美〕贝内特·瑟夫著，彭伦译，《我与兰登书层》，人民文学出版社，2007年版。

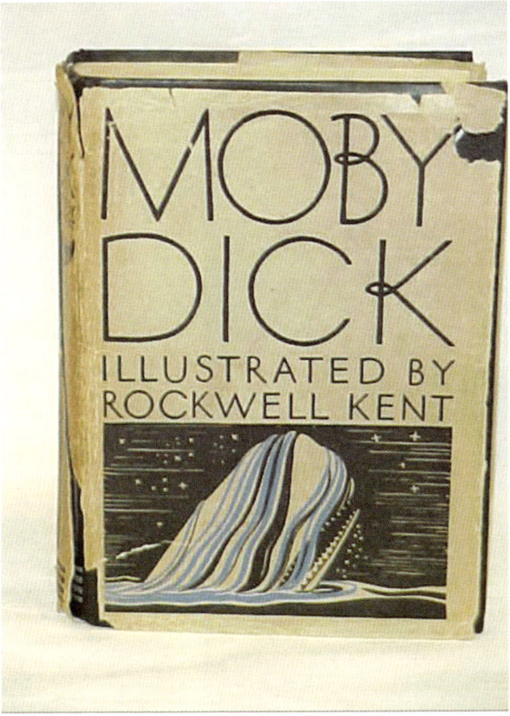

20 世纪 30 年代出版社《白鲸》英文版

观在美国市场反响平平。“二战”升温之后，英国总部对美国市场的管控日益松懈，巴兰塔随即改变设计风格，将花哨的内页插图作为封面加入到纸皮书上，大获成功。

战争结束之后，莱恩惊讶地发现高冷风格的企鹅公司品牌形象在美国完全颠覆，一怒之下辞退巴兰塔，邀请德国出版商加入以重塑产品形象，最后却以失败告终。对美国市场来说，插图是必需的，美国出版商韦布莱特后来评论道：“这种封面是为了吸引美国消费者，他们比英国人更为直接，从小到大的成长环境让他们习惯性认为，即使再好的产品，也必须有很好的包装。”①

书要衣装。这是日本讲谈社“现代新书”总编辑鹫尾贤也总结的编辑要义。尽管书籍不是装饰品，过于偏重艺术性并不可取，但是一本书的封面设计，仍然需要凝聚“与这本书展开幸福旅程”的期待。②

鹫尾贤也与他的《编辑力》。

同时代乃至之后很长一段时间内，中国市场对内容和形式的双重漠视，使得国内的阅读者远没有如此挑剔，只是不知道这样的习惯与口

① 安德鲁·弗尔，《平装书革命如何像电子书一样改变了出版业》，百道新出版研究院，2012 年。

② 〔日〕鹫尾贤也著，陈宝莲译，《编辑力——从创意、策划到人际关系》，中国人民大学出版社，2007 年版。

味，对于中国的图书编辑们而言，是好是坏。当越来越多境外同行的图书在中国有了简体中文版，文案的制作者们在形式感上才有了越来越高的敏感度。

《红书》、《书天堂》、《美的历史》

“让书成为精美的礼物”是中央编译出版社梦想家分社社长张维军的梦想，从一名版权专员，到创办中高端图文书品牌“图文馆”，他将书籍的形式感经由“绝对不比国外原版差”的细节掌控，让中国出版界有了本土制作的中高端精装书。张维军对于图书制作品质的较真，精细到连中文译本的印刷材质和装订方式都要与原版保持一致，让出版的图书尽显“高富美”的特征——制作成本高、购买群体富、图书品相美。

让优质形式包裹优质内容，亦是一众出版人灵魂中的创意冲动。

《肥肉》，是南京师范大学出版社艺术总监、南京书衣坊工作室设计总监朱赢椿花费5年心血制作的一份形式感强烈的美书。他设计或策划的图书曾多次获得国内外设计大奖，并数次获得“中国最美的书”和“世界最美的书”称号。而这一次，即便设计上已经内功深厚，朱赢椿还是认为形式上不够“实在”，硬是配合着书名，送了阅读者们一块实实在在的肥肉，让精神与物质齐飞。

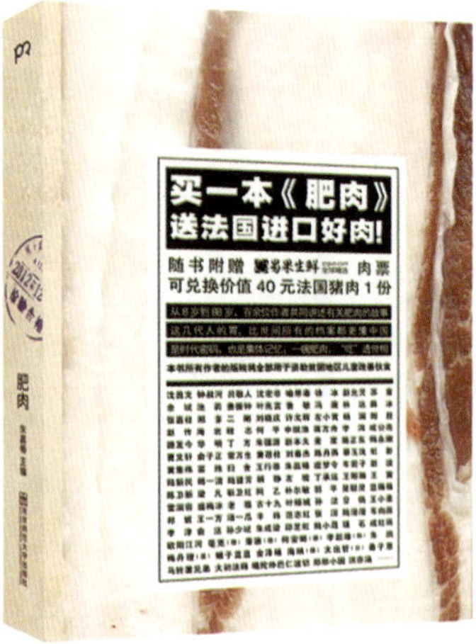

《肥肉》

朱赢椿卖书好歹还搭配着卖肉，罗振宇卖书不仅没有搭配，连书也没有，卖的就是“纯形式”！

2014年初夏，仅是为了做一个实验，“看看这套玩法是不是行得通”，“罗辑思维”视频脱口秀主讲人罗振宇在一个半小时之内，售罄8 000套名为《未来站在你身后》的图书包，这套售价499元的图书包只有一个名字，所有读者在下单之前，甚至连里面的书是什么都不知道，绝大部分的销售都是通过互联网线上支付。在粉丝经济的时代，卖书甚至不需要卖封面，只要卖脸面。活跃于互联网平台的罗振宇用这样一个实验，向出版界发出意味深长的讯息：“如果实验成功了，那整个出版业就真该想想未来该怎么办了。”

只要擅长利用平台，内容可以消弭，形式才是王道。

这是微时代的玩法吗？平装书干掉精装书，电子书干掉平装书，下一步，又该怎么办？

没有人说得清潮流之所以为潮流的原因。人们上一秒还在疯狂抢购不知名目的书籍，下一秒就推开窗听到远处的广场舞歌曲。

从2011年的韩国歌星“鸟叔”朴载相一曲发力于网络、红遍全球的《江南Style》开始，歌曲、舞蹈、视觉冲击等多种元素交叉的多媒体作品，在互联网时代将形式的影响力放大到极致。当我们被神曲洗脑，我们不会记得歌词中还有“与肌肉相比，思想更加丰满的男子汉”、“人外有人，天外有天”这种正能量，而只想大喊“Hey，sexy lady”，策马而去。

《江南Style》的成功就是“化文为舞”，我们学会了骑马舞，还会有谁说你不懂“鸟叔”的痛。

聪明的文案，不会为内容“终身不嫁”，正如《江南Style》，带感的旋律、粗暴的动作不过是机械地重复、始终的循环，大家更愿意以音译的

《江南 Style》

"我爸刚弄死他"给其注脚。但是所有这一切都不妨碍它流行全球的步伐，广场舞大妈们照样能够跟着节奏演绎自己心目中最正宗的骑马 Style。

有了走红的根，还得有那走红的运。《江南 Style》版权所有者聪明地放弃了 MV 版权，选择在 YouTube 上进行首发。全球开放的网络营销平台将《江南 Style》置于一个庞大的潜在消费群体之前，由此，其成为一种新型病毒的愿望得以实现。网络首发为《江南 Style》积攒了第一波人气，而随后，社交网站为其全球走红推澜助波。

不得不说，国外的脸书、推特，国内的微博、人人网等社交网络已成文案集散首要阵地，颇具信任度的圈内转发、一哄而上的围观参与、极具创意的恶搞效仿让《江南 Style》想不红都难。大家记住了什么，我相信大多数人至今没有认真看过译成中文的歌词，但"Oppa gangnam style”（韩语音译）、“骑马舞”就是一种神奇的魔力，让包括你、我的一众粉丝参与到这场“独乐乐不如众乐乐”的狂欢之中。

鸟叔朴载相扬扬得意地说：“如果我把张东健的脸移植过来，估计就能红到月球了。”鸟叔，干嘛跟东健欧巴比脸呢？你会“骑马”就够了。

《江南 Style》是神曲无疑，这种形式大过内容的音乐也是前赴后继。比较经典的“继承者”还有挪威神曲《狐狸叫》和中国神曲《小苹果》。

《狐狸叫》MV

因为特立独行，所以就流行。

“鸭子叫呱呱，鱼儿叫叽叽，海豹的叫声是嗷嗷嗷……狐狸怎么叫呢？”你以为这是睡前童谣，那你就“Too young，too simple”（太年轻，太单纯）。来自 YouTube 网站“2013 年度最热门视频”的神曲《狐狸叫》，让欧洲音乐再次在国际市场上扬眉吐气。

这首歌能红，还红到神曲的境界，同样是因为“不走寻常路”。简单重复的电子音乐节拍和群舞步伐动作，与《江南 Style》如出一辙，但其对音乐形式的创新尝试着实大胆，没有多少人会料到，流行音乐还可以这么玩。

主创伊尔维萨克兄弟承认，《狐狸叫》的诞生完完全全就只是为了恶搞，我们不必为它贴上“成功的艺术作品”的标签，它最大的贡献不就是可以让听众放弃一个执念——它到底想要表达什么吗？

内容、概念、中心思想，这些我们从小被灌输、一直在纠结的问题，在会玩的小伙伴看来，都不存在。开心至上，娱乐至死，形式对了，内容随意。

周末，你要到广场跳骑马舞。

周末，我要到大宅喝下午茶。

“什么是周末？”

——电视剧《唐顿庄园》演员麦格·史密斯

被称为“英国电视史上最成功的时代剧”的《唐顿庄园》，自2010年秋天首播，很快红透全球，收视率超过热门美剧《广告狂人》。

《唐顿庄园》虚构了生活在英格兰乡间的世袭贵族格兰瑟姆伯爵家族，这部刻画腐朽等级制度的电视剧，意外地在推特上引起了广泛的讨论，其中对庄园、服饰、礼仪等形式大过内容的讨论赫然其列。

《唐顿庄园》剧服

片中的取景地海克利尔城堡因电视剧开播而吸引众多游客，城堡主人加拿芬伯爵夫人曾坦承，“我们有绝佳的风景与美轮美奂的古堡，但也有付不完的巨额账单”。但又有谁会注意后半句呢？《唐顿庄园》中的梦幻城堡让大多数人感受到的只有浪漫。

作为英国的贵族，剧中的太太小姐们，总是要以贵族的礼仪守住美好的生活和优越的地位。一到晚饭时刻，庄园的女人们都精心打扮，高耸的头发、华丽的礼服、闪耀的珠宝，就算没有客人来访，隆重程度也堪比戛纳红毯。不谈剧情，《唐顿庄园》也是一场华丽的秀，难怪有观众发出“因为太美，所以不舍得告别”的感慨。

对于大多数观众来说，审美体验是首位诉求，此时，形式的意义就赫然凸显。影视剧可以看作是一部恢宏的文案，镜头语言呈现给观众良好的视听体验是绝佳的形式要素，此时形式也不失为内容的一部分。

《唐顿庄园》剧照

为追求视觉上的刺激，书籍装帧设计艺术从来也是形式大于内容的创作，它通过艺术形象设计的形式反映书籍的内容，图形、色彩、文字三位一体，为书籍内容背书站台。

琳琅满目的书海中，书籍简单而粗暴地排列在展架上，书籍封面像一个个无声的推销员，或浓妆艳抹，或清纯可人，极尽其能地吸引你、刺激你，让你“一掷千金为红颜”。

《唐顿庄园》剧照

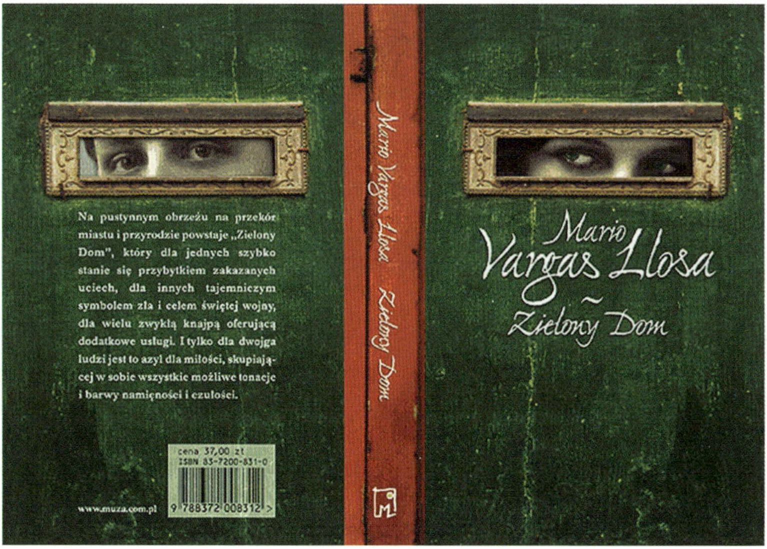
Mario Vargas Llosa
Zielony Dom
Na pustynnym obrzeżu na przekór miastu i przyrodzie powstaje „Zielony Dom", który dla jednych szybko stanie się przybytkiem zakazanych uciech, dla innych tajemniczym symbolem zła i celem świętej wojny, dla wielu zwykłą knajpą oferującą dodatkowe usługi. I tylko dla dwojga ludzi jest to azyl dla miłości, skupiającej w sobie wszystkie możliwe tonacje i barwy namiętności i czułości.
cena 37,00 zł
ISBN 83-7200-831-0
9 788372 008312
www.muza.com.pl
Mario Vargas Llosa
Zielony Dom

《旅馆》

来自波兰的独立设计师艾姿碧塔·霍伊纳（Elzbieta Chojna）绝对是一位高超的文案创作大师。

这是她为拥有秘鲁与西班牙双重国籍的作家及诗人马里奥·巴尔加斯·略萨（Mario Vargas Llosa）2010 年的新作《旅馆》（*Zielony Dom*）设计的封面。红配绿的视觉冲击、打破整体感的“窗口”、被“囚禁”的窥探，这些艺术形象设计超越了文字的束缚，以一种诡异而神秘的审美体验吸引着潜在消费群体。

日本青春18券海报：

会——如果不出发的话，永远不会遇见。

夏——在暑假，睡懒觉是最浪费的了。

或许你喜欢马里奥，或许你喜欢封面上的两双眼睛，你的钱就这么被掏出来了。有时，艾姿碧塔·霍伊纳的作品中，形式是一个不安分的挑逗者，做尽让内容脸红心跳的激情之事。文案的世界里，内容也得示弱。

事物美在形式是包装所致，事物美在内容则为质量。

所有让人心动的文案中，内容都与形式结合得恰到好处。

日本国铁每年春、夏、冬会发行三回乘车券，这类火车票有一个好听的名字——青春 18 券。买了这类火车票的乘客只能搭乘慢速列车，它就是为了让大家放慢在“快世界”中的脚步，领略日本岛国美景，在历年海报设计中，“慢生活”概念的小资审美体验扑面而来。

日本青春18券海报：始——当这一场旅行结束，下一个我即将开始。

日本青春18券海报：

有种景色，当你停下脚步回头望时，才能遇见。

青春 18 券就像哆啦 A 梦给大雄的法宝，沿途与你相伴的只有合一的天地。海报中被刻意弱化的文字内容，如同快生活中的紧迫压力，越小越好，这亦是青春 18 券倡导人们舍弃的。

弱化甚至舍弃内容，对于文案创作来说，需要魄力。青春 18 券做到了，连同繁杂内容舍弃的，还有阅读繁杂内容背后的“劳心费力”，这原本就是一场轻松的旅行。

日本，是一个擅长制造情怀的国度。

试想当人们提到日本时，脑海中首先想到的是什么？越酷越快乐、越感动人心的形象，长远来看，可让日本更容易为外国所了解，换句话说，可以让日本更容易做外交。

——日本政治家、企业家麻生太郎

连载15年的《火影忍者》漫画即将完结，这让与其一起成长的热血少年们唏嘘不已，一众读者纷纷表示已经离不开“从小身上就封印着邪恶九尾狐”的鸣人，更是无法忘怀“阳光下最值得骄傲、最光明无限”的忍者。

反观日本动漫作品，无不深深地留有“情怀”的烙印，这种情怀伴随着主人公的成长体验，成为日本独具特色的大众文化符号。不难看出，将日本动漫视为文案，这种极具商业化及产业化色彩的文案，是对都市众生某种特定文化渴求及情感诉求的满足。

我们不妨将情怀也视作一种文案形式，任何诉诸受众情感体验的元素总能带来强大的生产力及消费力。依托《火影忍者》衍生出的火影产业链，基于这种“情怀”，靠着庞大的粉丝群体发展得顺风顺水。在国内，腾讯旗下的《火影忍者OL》官网发展得风生水起。在《火影忍者》宣布完结之前，《火影忍者OL》官网就凭借敏锐的嗅觉，发布了对《火影忍者》15年经典画面的剪辑混编，视频中关于热血、梦想、坚持、守护、意志的情怀表达，真是催人泪下。

别再说形式是个花架子，你给它情怀，它能给你开出一座花园。

还记得，那个著名的“Keep Calm And Carry On”（保持冷静 继续前行）的故事吗？

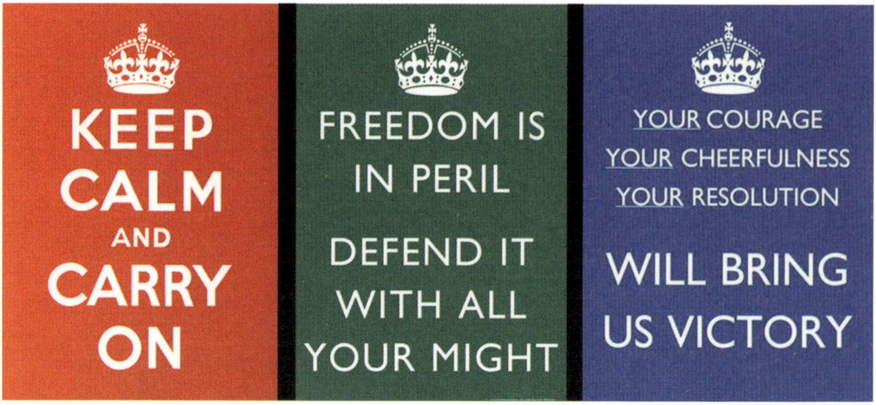

美国新闻部制作的平面广告

“Keep Calm And Carry On”是英国新闻部在第二次世界大战初期制作的宣传品，旨在鼓舞英国公众的士气。此海报是三张系列海报中的一张，另外两张是“Freedom is in Peril，Defend it with All Your Might”（自由正受到威胁，尽你所能来保卫它）和“Your Courage，Your Cheerfulness，Your Resolution Will Bring Us Victory”（你的勇气、你的乐观、你的决心将为我们带来胜利）。但由于这张海报实际分发使用的数量很有限，在当时并未引起太多的轰动。

直到2000年，在英国一家二手书店，这张失落已久的海报“二次曝光”，英国人感受到了前所未有的震撼，“有一种让人泪流满面的力量”。

现在看来，这张海报仍不过时，基于英国战时新闻部的统一样式，红白对比正统突出，字体大小简明工整，一顶皇冠既代表了皇家权威，也凸显了公民责任，着实体现了“简单而有力”的形式准则，这是一则优秀的海报作品。

随后，这句经典的“Keep Calm and Carry On”被印在了衣服上、杯子上……此时，“Keep Calm and Carry On”已不再是激励公众投入战争的口号，而是英国人“低调、刻板、隐忍”的公民性的时代折射。

你说“Keep Calm and Carry On”还仅仅是一句朗朗上口的文案标语吗？其实，它已经成为英伦文化的一面窗口、一个镜子，一种彰显民族性格、历史情怀的形式。而此时，形式亦内容。

文案的世界里，形式可以框住内容的边界，而聪明的内容就会自动调节、取悦形式。

取悦的方式有很多，但一定要注意细节。

Helvetica 字体

看惯了时尚大牌的各类 Logo，审美疲劳之后或许觉得设计都是千篇一律，而事实上，果真是千篇一律。CHANEL 和 GUCCI 这两家奢侈品牌，在字体上有莫名的相似性，没错，这就是大牌都钟爱的字体——Helvetica 字体。

Helvetica 字体是一种被广泛使用的西文字体，出自设计师爱德华德·霍夫曼（Eduard Hoffmann）和马克斯·米耶丁格（Max Miedinger）之手，是人们所熟悉的国际字体风格。

之所以被各类大牌广泛采用，与瑞士设计的理性主义精神不无关系，因其风格简洁、朴素，被认为是现代主义设计理念的典范，就连标榜“We still think different”（我们仍然独树一帜）的苹果电脑也将 Helvetica 字体设置为默认字体。

2014 年末，美国新闻博客网站《赫芬顿邮报》评选出了 2014 年度最佳图书封面，以下是 2014 年度“最聪明、最漂亮、最富创意”设计之两则。

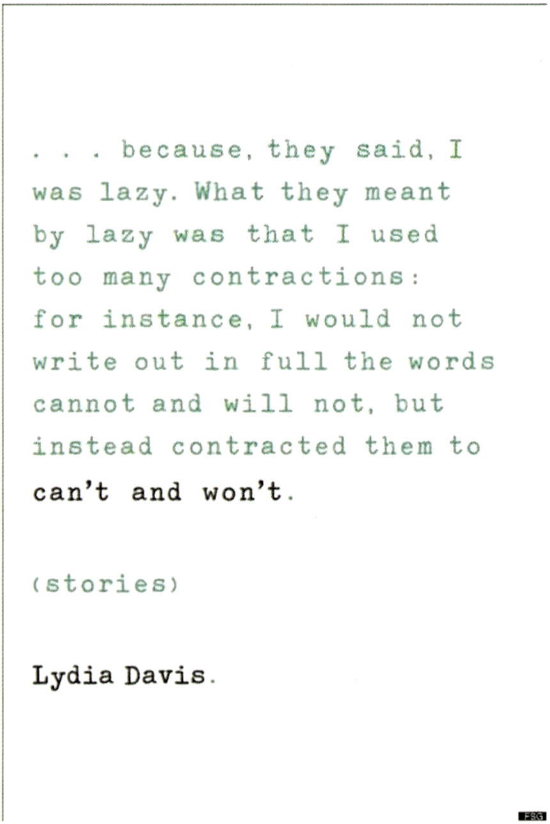

Can't and Won't（《不能也不会》）图书封面文案

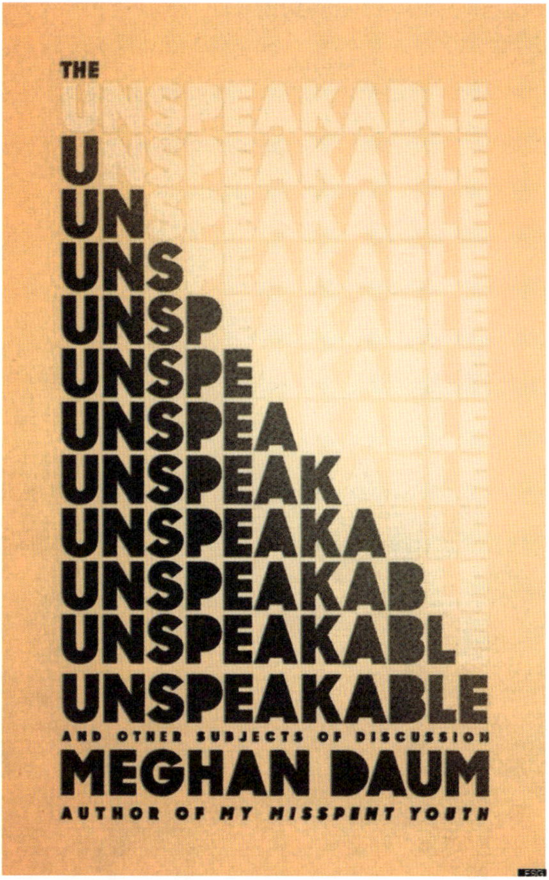

Unspeakable（《无法言说》）图书封面文案

你看到内容了吗？你又看到形式了吗？

任性的文案，原来你的名字叫形。

文案易碎

没有什么文案是永恒的，就算它任性地罩着一件红色连帽披肩。

《小红帽》

当格林兄弟将《小红帽》转化为19世纪维多利亚时代的儿童故事时，女主角已变成纯洁的化身，完全脱离早期法国版本所描述的那种淫秽气息。

从童话到舞台剧再到恐怖电影，文案森林中的“小红帽”从乖宝宝到失去贞洁的女孩再到向狼宣战的女勇士，直至在20世纪60年代又以“现代女性”的形象登场于美国《时尚》杂志某个品牌口红的平面文案。

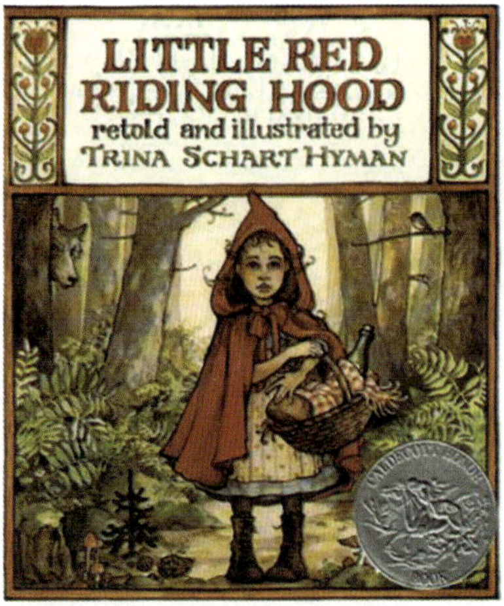

图书《小红帽》、《百变小红帽》

Max Factor 唇膏文案：To bring the wolves out（找出狼来）——搽上小红帽口红，冒个甜蜜的危险……我们警告你，你将被追逐！

广告的左侧是几个出没于森林的色眯眯帅狼。稚嫩的小红帽终于在文案中成熟，到了可以招来“野狼”的年龄了。

没有什么文案是永恒的，就算被狠狠地镌刻于石头上。

公元前196年，当古埃及的祭司们在一块巨大的大理石上，用古埃及象形文字、埃及草书和古希腊文3种语言，刻写法老托勒密五世（Ptolemy V）的诏书时，大概不会想到这座大理石日后会被称作罗塞塔石碑（Rosetta Stone），并陈列在大英博物馆中。图为大英博物馆收藏的罗塞塔石碑。

罗塞塔石碑是由一群生活在埃及托勒密王朝时代的祭司所制作，作为当时的国王、年仅 13 岁的托勒密五世加冕一周年的纪念物。大理石上的内容主要叙述托勒密五世自父亲托勒密四世处袭得的王位之正统性，以及托勒密五世的许多善行，例如减税、在神庙中竖立雕像等对神庙与祭司们大力支持的举动。

在托勒密王朝之前、法老时代的埃及，此类诏书原本都是由法老亲自颁授，等同于圣旨。但据说在刻这块石碑的时候，全世界唯一还知道埃及象形文撰写方式的就只有这帮祭司们，他们成为事实上的诏书颁写者。按说他们自说自话应该毫无压力，但他们也不敢怠慢，否则比石碑先碎的，会是他们的脑袋。

而如今，罗塞塔石碑上“奉天承运”式的文案早已经随着古埃及文明的消亡而支离破碎，人们只能对其想要传达的讯息做大概的推测。强大如法老的魔力，也无法保证文案长存。

在现代社会，资讯易碎，文案碎得更决绝。

易碎，是一种态度，也是一种表达。这个碎片化阅读的时代，每个人都难以静下心来研读长篇大论。立体的雕塑必须被打碎，放到同一个平面，不同时空的信息要在同一时空呈现，让人一次看个够。文案不需要事无巨细，只要抓住一个点，就能打开局面；只要勾出一丝联系，就能用来说事儿。看上去要有道理，感觉必须对，除此之外，在快销的时代，没人有时间去考证你的文案是否经得起再三推敲。

这究竟是文案的幸运，还是悲哀？

手工笔记本品牌 Moleskine 海报

手工笔记本品牌 Moleskine 的系列海报，戳中了智能手机 3 个普遍的痛点：隐私泄露、网络覆盖和容易被盗。在这个电子数码时代，年轻人几乎放弃纸笔的书写模式，但笔记本在这里却没有表现出丝毫的不自信，大声数落着智能手机的缺点。

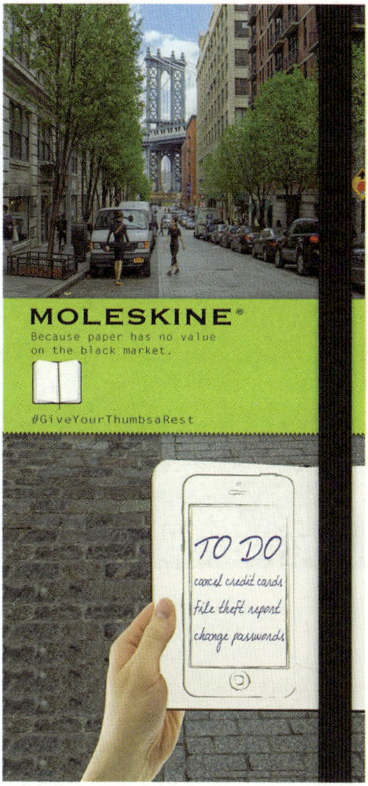

因为笔记本不会将你的私人照片上传到网盘里。

因为笔记本不会一进地铁就没有服务。

因为笔记本在黑市上卖不出高价。

#让你的拇指歇一歇#

只因为人们在人群中多看了它一眼，文案就不枉此生。所以似是而非的文案只给你结论，不需要你思考。但是细想下来，宅男们真的需要担心自己在网盘里的私人照片吗？进了地铁手机就变成板砖一块了吗？有人真的会因为怕丢手机而改用纸质笔记本吗？这样的文案，所有的理由都是吸引注意力的噱头，当你注意到它的时候，它的目的已然达到。若你想要抓住它的小辫子，那么对不起，灯光亮，音乐起，好戏已散场，您拨叫的号码已关机。说白了，没人在乎。如果哪个人因此感到愤愤不平，非得找人说出个是非曲直，除了白眼和鼻孔，或许还会有美女因此留意你。

“喂，电梯里有俩2B。”

——电影《泰囧》

文案易碎，所以它无须推敲。好在碎有碎的好：肉剁碎了可以做拌面和卤肉饭，文案碎了也可以做成杂志封面。

想要用碎片击中读者的心，无论文案是玉是瓦，都不能保全。买一本杂志，掏钱之前没人在乎杂志的内容到底如何，封面就是它的全部文案。无论内容多么傲娇，它的精华都要被敲碎掉，像墙上挂着的战利品一样被点缀在杂志的封面上。一片片各式各样、五彩缤纷的信息碎片被镶嵌进封面的马赛克中，口中大叫着“Pick me!”（选我），在乱花渐欲迷人眼的书架上向一个个犹豫的目光发出近乎祈求的哀号。

《GQ智族》2014年6月号封面。时值巴西世界杯，世界杯期间的内容提供者恨不得都要把自己的产品敲碎了拼成一个足球的形状。

各种碎片在这里被拼合成一个主题拼图。其中任何一个都像是这期杂志的基因片段，当这些碎片化的讯息拼合在一起，就是一个完整的态度：足球和时尚。贝克汉姆是时尚圈的足球符号、足球圈的时尚标杆。破碎的文案看似杂乱无章，但在小贝的统领之下，在世界杯的语境之中，所有的碎片似乎都和谐地组成了一幅时尚与足球的马赛克。

不过，如果认为一个碎片就像砖头一样可以哪里需要就往哪里搬的话，为文案者可能还需要选修一下有关人类文化差异的课程。

人，无论是一介布衣还是皇亲国戚，都难免一死；文案，无论是刻在石头上，还是写在纸上，都难逃破碎的命运。人有贵贱之分，文案自然也分三六九等。有最高大上的文案，它们历经历史考验，跨越时空散发着人性光辉，成为经典。有一时洛阳纸贵的文案，它们意气风发、名利双收，成一家之作品。但大多数文案都被用来换取二两小米下锅，大概也只配叫“文案”这个诨名。

文案易碎，特别是在不同语言之间变换的时刻。精彩的唐诗宋词或许在被翻译成其他语言的那一刹那，就已经破碎一地。而这一问题也让越来越多的国际化公司颇费脑筋。文案的本地化，要求的不仅是对原有信息的传达，更是对原本文案灵魂的保持和升华。所谓形神兼具，说来容易，做来难。

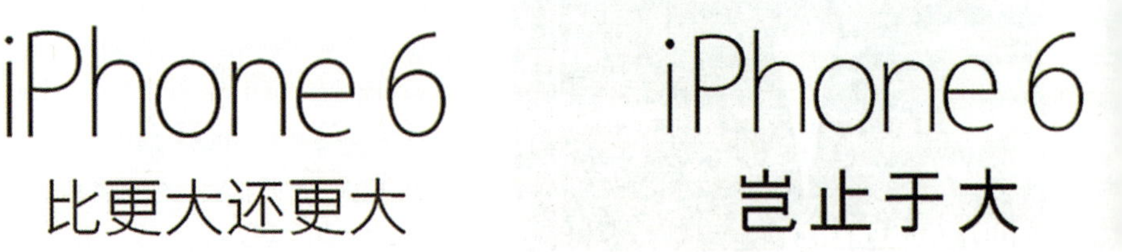

核心文案的本地化是产品形象甚至品牌策略传达的关键。苹果公司大陆官网上对于“Bigger than bigger”的翻译前后发生的变化，又岂止于翻译水平上的提升？

苹果在新品发布会上用“Bigger than bigger”作为新款 iPhone 的文案。英文语境里这两个“bigger”并不会造成误解，大家明白一个说的是 iPhone 6 的尺寸，另一个则在标榜 iPhone 6 的革命性意义。这句话大致的意思是说，iPhone 6 不仅仅只是尺寸大，还有很多具有创新性的特质。不过，关于“Bigger than bigger”，苹果大陆官网的翻译一度是一句莫名其妙的“比更大还更大”。两个“大”字连用不仅拗口，更是完全不知所云。这样一句像是语文不及格的小学生写出来的文案，传达出的信息令人费解。当然，苹果大陆网站在短时间内就参考台湾地区的翻译，将中文改为“岂止于大”，总算是做了补救。可是相较于原版“Bigger than bigger”，该文案早是碎片满地。

当然，苹果网站的中文翻译也曾经有过精妙的例子。

Small talk=细语

苹果为推出带有语音功能的 iPod 所做的文案是“Small talk”，展示其小巧、能够说话的功能，并且有“闲聊、寒暄、聊天”之意。而中文翻译将其小巧、会说话的功能用“细”和“语”表示。同时，“细语”对应英文“Whisper”，不论在中文还是英文的层面，其意蕴都胜过原文的“Small talk”。这一点的实现，建立在打破了原有文案意义的束缚，所以说到底，在语境转换的过程中，文案依然易碎。

杜蕾斯官方微博：Wish we could do more.（希望我们能做得更多，调侃苹果的“Wish we could say more”。）

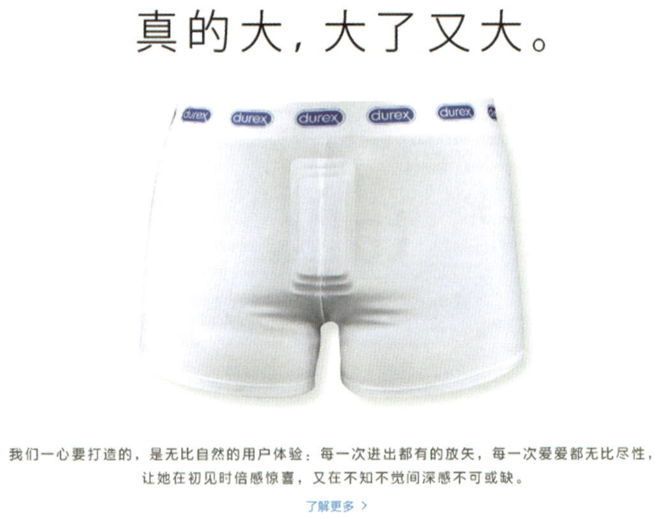

杜蕾斯官方微博：真的大，大了又大（调侃苹果的“Bigger than bigger”）。

或许易碎的文案才有继续迭代下去的蓬勃生命力。苹果 iPhone 6 发布会的邀请函文案可谓相当低调：整体为灰色，字体格式工整，上面用简洁的文字交代了时间，下面一句“Wish we could say more”则暗示会有更多惊喜。

而微博上一贯以“没节操”著称的杜蕾斯官方账号，当然不会放过拿这张邀请函开涮的机会。原来的“9. 9. 2014”被改成了“99. 69. 66”；而那句“Wish we could say more”则被换成了“Wish we could do more”。更有趣的是，原来背景中苹果标志上的梗，也变成了安全套的形状。最令人称奇的是，这一切看起来居然毫无违和感。社交媒体上网友热议，纷纷表示“节操呢?”、“杜杜你太机智了”。碎片化的文案，总是被不同的解读者赋予别样的意味。

用碎片化的文案“甩节操”是一门技术活，做得差被视为“无节操”，做得好则可称为“卖萌”。在一条邓禄普轮胎广告中，神探福尔摩斯的扮演者本尼迪克特·康伯巴奇（Benedict Cumberbatch）被一个提问难住。

广告文案抛出了一个让观众一头雾水、让大侦探福尔摩斯也弄不明白的问题：为什么是邓禄普？对天气的精确掌控说明管家对各种变化都考虑周到，而对于本尼迪克特“为什么是邓禄普”的问题，管家则表现得难以置信，大笑起来。如此一来，观众们也不得不问自己“为什么是邓禄普”。最后广告给出答案——强韧安全，爱车之选。想来这也非常合理，管家对各种变化都考虑周到，所有的轮胎都选择邓禄普，自然是因为轮胎安全可靠。

不过，就像催化剂在化学反应里既能提高也能降低反应物的化学反应速率，文案中各种碎片化的符号，如果你玩不转，效果必然大打折扣。文案不过是各种符号的堆砌，符号的意义会在与其他符号的碰撞中产生奇特的化学反应，文案的意义也会因为一块碎片的变化而在顷刻间被改变。

写文案的人，文案常常不属于自己。如同为他人作嫁衣，作品一旦面世，就不再属于作者。一夜情的余温天亮之后只能在历史的长河中自生自灭，而文案与读者的关系或许还不及一夜情的余温，碎片化时代的文案，转瞬就是天涯客。不论其载体是什么材质，似乎都变得易碎。

文案若易碎，其中最脆弱的那一部分，一定是文案中的人。与托勒密五世的祭司们相比，现在的明星们自然不需要写象形文字，他们苦心经营的则是自己的形象文案。然而只要一个疏忽，光鲜亮丽的形象就会破碎一地，一如网络用语中越来越廉价的节操。

邓禄普轮胎广告文案：

“为什么你拿着外套和手套，威尔金斯？”

“因为外面气温12度，风凉体感只有10度，先生。”

“为什么拿着伞，威尔金斯？”

“因为有15%的概率会下雨，先生。”

“威尔金斯，为什么我的车的轮胎都是邓禄普？”

“哈哈哈……”

（字幕、画外音）强韧安全，爱车之选。

“为什么你从来没有学过车，威尔金斯？”

炫迈口香糖广告文案：

今天的挑战是：一边嚼炫迈口香糖，一边弹吉他。弹到没味道才能停哦。时间过了很久……很久……

还在弹啊？根本停不下来！

全新炫迈口香糖，美味持久，久到离谱。

炫迈口香糖为了宣传自己“美味持久，久到离谱”，请来影星柯震东为自己的产品代言，并且用“根本停不下来”为核心文案做了一系列电视广告。每则广告的文案都是一边嚼炫迈口香糖，一边做另外一件事，直到没味道才能停。结果挑战者因为炫迈口香糖“美味持久，久到离谱”，都取得了不可思议的效果。这则总体而言非常符合目标消费人群年轻、充满活力的广告，成也萧何，败也萧何。

依托柯震东当时健康、阳光的形象和爆棚的人气，此广告曾经流行一时，也同样由于柯震东因吸毒被拘、公众形象一落千丈，而让广告中

“根本停不下来”的标语从宣扬口香糖的味道持久，转而成为柯震东吸毒成瘾、无法自拔的隐喻。明星也有擦枪走火的那一天，做文案，果真不能靠别人。

文案本身就是易碎品，它可以很精致，却无须很精确。很多情况下，文案不过是庸俗符号的精致拼接。

卡地亚（Careier）手表的《L'ODYSSÉE DE CARTIER》（卡地亚奥德赛）电视广告中，象征 Cartier 的豹子通过一次穿越时空的经历，演绎了一场从法国出发，途经俄罗斯、中国和印度，并最终返回出发地的探险故事。用奇幻旅程中各国的典型元素为卡亚地（Careier）品牌背书，编制了一个充满传奇色彩的品牌故事。

这则广告画面兼具运动感与品质感，制作精美，配乐大气磅礴，剪辑节奏恰到好处。不过，为豹子穿越时空探险进行见证的，说得好听一些是经典符号，说得不好听，都是这几个国家最司空见惯的符号：三套车代表俄罗斯，龙和长城代表中国，孔雀、大象和泰姬陵代表印度，最后用模糊的埃菲尔铁塔代表法国。文案的易碎性在这则广告中显露无遗——只需要增减或者替换相应国家及其文明的符号，卡亚地（Careier）的豹子就能在任意时空进行探险。

文案本身是易碎品，其自身内容往往决定了更加明显的易碎特征，促销广告向消费者宣扬的是“限时优惠，过时不候”，仿佛是一场文案阅后即焚的自杀式盛宴。

但是非要像电视剧那样有完整的故事和大结局吗？美好的假象或许比残酷的真相更合理。易碎的文案只要折射出美好的色彩，就能让我们活得更阳光。

卡亚地（Careier）手表广告文案中庸俗符号的精致拼接。

红星美凯龙广告文案：

我们来到这个世界一定是为了寻找什么？

是忘乎所以的勇气？是奋不顾身的信仰？

还是爱？

我们匆匆前行？

总有一种力量可以让我们驻足。

那种突然降临又将转瞬即逝的惊喜，

让漫长期待的终点，变作美丽人生的起点。

从渴望到拥有，这一刻不再是梦。

在日渐远离物质匮乏年代的中国，家居的需求已经跳出了单纯的实际功用，转化成为一个个有温度的情感符号。对于越来越多的都市人来说，追求高品质的生活，成为一种近乎信仰的生活美学。家具厂商红星美凯龙正是瞄准了都市白领和品质生活族，用感性而温暖的语言与消费者进行了一次成功的深度沟通。

广告中用真人来扮演家具，用爱情比喻消费者与家具之间的关系。这则“家具拟人”促销文案里，没有往常促销文案中声嘶力竭的叫喊，也没有用巨大的标价来侵犯受众的眼球，有的只是温暖、唯美而又充满张力的娓娓道来。

床垫是棱角分明的暖系型男，浴缸是风情万种的妙龄女子，而真皮沙发则是优雅的英伦绅士。声画对位的关系扩展了文案的文本意义，每个镜头都考究精致。剪辑朴实，节奏平稳，张弛有致，两者协调融汇出了独特的品质感。在视频中，目标消费者可以从人物身上看到自己的影子。真诚感性的文案，不仅精准地传递了促销信息的精神内核，更是让品牌与目标消费者圈层紧密相连。有温度的文案，即便是阅后即焚，也能让人记住燃烧瞬间的耀眼火光。

文案易碎，有人为此负责吗？有还是没有，这是一个问题。

对文案作者，写文案就像抖包袱，不论包袱响不响，抖完包袱你就跑。

包袱像是草丛中的陷阱，泥土里的地雷。在每一个文案的位置也不重要，因为它们天生就是要出其不意，给猎物致命一击。谁创造了它们也不重要，因为文案作者早就逃之夭夭，留下来的只有文案本身，等着一个又一个读者上钩，并在他们脑海中迸发出惊天动地的爆炸效果。

你看到的是老鹰还是母鸡，是雄狮还是 Hello Kitty，是鲸鱼还是金

百度招聘广告文案：
这是你ZUÒ的地吗？
这是你YÀO的吗？
这里你WÁN得开吗？

鱼？不论招聘文案谈论的是梦想还是主义，它们宣扬的都是“心有多大，舞台就有多大”。如能让你对现实产生不满，对未来产生幻想，从而做出勇敢的一跳，它的目的也就达到了……结果？负责？靠谱？它们早就和节操一起碎了一地。

为了达到“挖墙脚”的目的，招聘文案可以先不说自己有多好，而是猛戳员工痛处。当读者被它打动，再次燃起心中的梦想之火时，文案始作俑者已深藏功与名，策划着下一件作品。包袱抖得响不响，就看它有没有煽动性。当员工被文案的包袱忽悠，换了个公司甚至换了个城市之后，谁还会记得当初那篇招聘广告？

正如流行歌曲里唱的那样，“狂欢是一群人的寂寞，寂寞是一个人的狂欢”。当互联网把你我他都连在了一起，每个人都能写文案时，只需要一个平台，碎片化的文案立即铺天盖地。弹幕，就是一群人“甩”文案的狂欢。

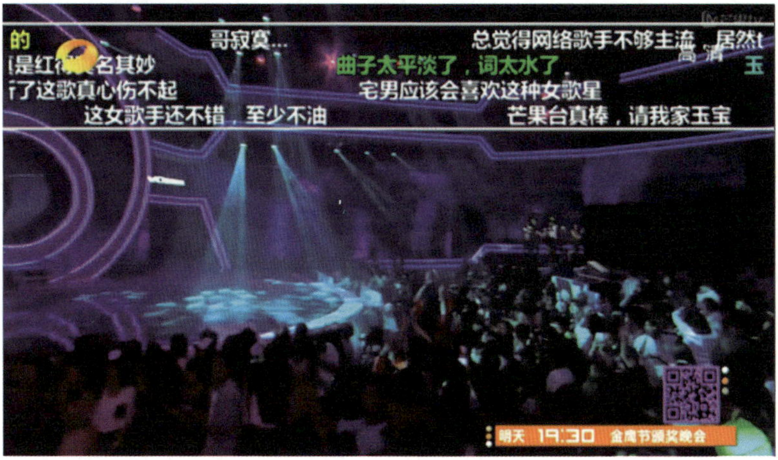

湖南卫视2014金鹰节晚会直播，作为“第一个吃螃蟹的人”，湖南卫视金鹰节上的弹幕经过了后台筛选，显得不那么带劲儿。

甩，是因为弹幕的作者们必须要有不顾一切豁出去的精神。像林黛玉一样多愁善感、凄凄切切的葬花姑娘，想必无法理解文案的集体狂欢所带来的快感。《红楼梦》中其实也有弹幕，不过那叫“酒令”。只有花花太岁薛蟠发挥出浑不懔的精神，才最能体现出这“弹幕”的精华，创作出“女儿悲，嫁了个男人是乌龟；女儿愁，绣房蹿出个大马猴；女儿喜，洞房花烛朝慵起；女儿乐，一根鸡巴往里戳”的混词。曹雪芹可曾料想到，曾经被嗤之以鼻的薛大官人，几百年后竟然拥有了成为现今“网络红人”的绝佳潜质。

2014 年 10 月的湖南卫视金鹰节互联盛典，观众在观看直播时可以通过芒果 TV 同步点评，内容将实时在电视荧屏上以弹幕的形式出现，实现与电视屏幕的直播互动。直播结束后，芒果 TV 的评论数已过 10 万。而此前，弹幕在《秦时明月》、《绣春刀》等多部电影公映时已有尝试。把弹幕搬上电视屏幕，让湖南卫视再次成最先吃螃蟹的人。

弹幕视频系统源自日本网站，观众在观看视频时可以边看边评，发表的评论从屏幕上实时滚动，看上去像是飞行射击游戏里的弹幕。

2014 年 10 月 11 日当晚，观众打开芒果 TV 的网站，扫描二维码后，下载芒果 TV 的手机 APP，就可以在观看金鹰节互联盛典直播的同时进行评论，其中一部分评论会出现在屏幕上。对于观众来说，这显然是一个惊喜。弹幕内容各种各样，以无厘头搞笑与励志为主，例如“弹啊弹，弹走鱼尾纹”，偶尔也有吐槽。有不少网友表示，自从第一波弹幕出现后，注意力就从晚会节目本身集中到弹幕的内容上来。弹幕消失后，一门心思期待弹幕再次出现，感觉想看的不是节目，而是精彩的评论。新一轮的文案传播拉开大幕，而这一次，文案是否易碎，已经不再重要。

弹幕的精髓就是文案的群体传播。创作者本身就是通过匿名、随机、不可控的碎片化介入，而他们创作出来的文案也是碎片化的呈现，简短且不完整，需要结合屏幕上的其他内容共同阅读。一条文案在弹幕中生存的时间就是它从屏幕右边到屏幕左边的短短数秒。过去了就让它过去，没有人会在意。如同流星划过夜空，弹幕存在的意义就在于瞬间传递出信息，然后就逃出观众的视野，湮灭在浩瀚的信息时空。

文案易碎，但只要有闪光点，就算碎得彻底，也能逆袭；卑微到泥土里，然后开出花来。弹幕时代，正在崛起。

你可以说任何一种传播都有“看脸的”因素，好的创意经过精良的策划与制作必定能够让人眼前一亮，取得良好的传播效果。但是，在碎片化的传播中，有的文案就像相貌平平的丑小鸭，只有在被扭曲、破碎之后才能散落开来，只有当节操碎了一地之后才能置之死地而后生。有些文案转瞬即逝，有些却能够华丽转身，出其不意地再火一把。

各种“蓝翔体”文案之所以能在微博上火起来，靠的就是微博的群体传播。

有段时间，社交媒体中“蓝翔”、“挖掘机”等字眼的出现频率之高，让用户根本无法忽视它们的存在。“挖掘机技术哪家强，中国山东找蓝翔”，几乎散布在互联网上的任何一个角落。那么，问题来了：这段时间以来出现的用“挖掘机技术哪家强”造句热究竟是不是蓝翔市场营销部门专业策划，抑或只是网友单纯地跟风恶搞？

如果你看着这张图时，会在心中默念“挖掘机技术哪家强，中国山东找蓝翔”，那么恭喜你，你已经深谙“蓝翔体”文案的格式。

事实上，“挖掘机技术哪家强”是一个很多年的老梗。20 世纪 80 年代，蓝翔技校就开始在中央人民广播电台、山东人民广播电台做广告，宣传效果颇为理想，因为当时的农村地区几乎只能收听到这两个电台。20 世纪 90 年代初，电视开始逐渐走进普通家庭，蓝翔技校在山东电视台投放了第一条电视广告，延续了电台广告“学技术到蓝翔”的口号加上学校地址的文案思路，并通过多次重复和滚动播出的形式增强气势。后来还邀请了扮演过毛泽东、诸葛亮等诸多正面人物形象的演员唐国强代言，并对类似的广告文案坚持使用了 20 多年。

其实，这则广告文案并无太多高明之处，甚至过于简单直白，流于俗套。然而重复就是力量，十几年如一日的重复播放让它成为几代人的集体记忆，累积起来的能量终于在社交媒体遍地开花的群体时代释放。

人们可以用调侃的口气来吐槽这个洗脑的“垃圾文案”。更多不明真相的群众则被裹挟在舆论传播的热潮中，跟随这新的“蓝翔体”一起狂欢和传播，将其演变成一种网络潮流。

“挖掘机哪家强”这样一个全网传播的热词，蓝翔技校这样一家传统企业是绝对玩不转的，就连现在最擅长玩互动营销的企业都不敢保证能够通过精心策划达到相同量级的传播效果。“挖掘机哪家强”，正如同一个卑微到泥土里的文案，在历经时间的考验之后，无意中得到大众共同记忆的赋权，涅槃出夸张的传播能力。

当然，这并不影响文案易碎的性质。信息的过度丰富让人们的注意力聚焦的时间不断缩短。“挖掘机技术哪家强”般的文案，热度如同龙卷风，席卷十几天之后，就开始慢慢散去。相对于精心策划、内外兼修的文案，大众对于简单粗暴的文案更容易产生审美疲劳。一如“我和我的小伙伴都惊呆了”，越是貌似无所不能、具有普适性特征的文案，越容易破碎。

从托勒密王朝的石碑，到昙花一现的“蓝翔体”，文案易碎，从古至今都是定局。要玩文案这场游戏，你必须有所恐惧。

只是易碎又如何，至少存在过，而且有用过。所有的文字都是人类存在过的痕迹，哪怕转瞬即逝如同弹幕。在表达自由的时代，积极的态度，比内容更有魄力。因此在文案的帝国里，请保持矜持，甚至是傲慢。写作，原本就是宣泄过剩的求知与表达欲，享受过程已足矣。作为万千人中的一个，万千年间的一瞬，人生都太短，谁还有闲惦记文案。

中篇

谁在写文案

政治向左，文案向右。

历史向前，文案向后。

文案弥漫的蒸汽时代，从无原地踏步的机会。

从音符开始，以图案结束。李奥·贝纳的小铅笔唰唰划过纸面，伍尔芙的打字机嗒嗒作响，乔布斯的手指寂静无声抚摸屏幕，文案的笙歌夜夜回响在每一个现代人的梦魇里。文案的水汽随着呼吸深入细胞，参与我们每一天的新陈代谢，成为我们的精神与肉体。

这迫使我们必须瞩目于文案背后的生产者。

我们怀疑他们的存在。

毫无疑问，这是一个不再生产大师的时代，但我们似乎依然有幸得见最后的文化贵族。文案的午夜守门人遵从着古老的训诫，严谨端正地送走最后一批文案艺术品，古堡的花式铁门从此爬满蔷薇，我们不得不爬上院墙窥视其中。

大数据的汪洋潮水拍岸而来，话语的权杖不知落入谁手，每一个正在发声的人似乎都能算是文案的生产者，互相呼吸着彼此呼出的文案气息，群体窒息的日子隐约可见。“0”与“1”构成的计算机，已经可以写出像模像样的新闻稿，人类末日之前，年轻的文案人——假如真的存在，带起网络的面具走入狂欢。要知道水汽散去之前，裸奔也没有人看得见。

我们质疑他们的权威。

古典世界已经被现代主义颠覆，在碎片化的环境里，读者陷入不自觉的焦虑。文案人无疑更焦虑，唯有自虐以缓解。敬礼大师容易，真正成为诚意之作难。焦虑之下，饥饿警铃大作。文案世界里正在流行的宣扬美食病毒，也蔓延到了文案人的领土上。被绞尽了的脑汁，都是“粮食”构成；时时刻刻被饥饿感虐待的文案人，用苦行僧的方式完成着一场“你和你的文案都来源于食物”的仪式。饥饿游戏，才刚刚开始。

我们揭开他们的伤疤。

多数人的故事背景都很无趣，只有少数灵魂才有汁水丰满的故事可述。创意文案的背后，文案人的经历具有绝对意义，了解其中的荫翳，才能认识文案来源的核心。从黑暗出发并不一定要走向光明，只要走到大众眼球前，走到公众视野里，阴影也是坚强的支持。不自恋的人不能做艺术家，心理完全健康的人，大概也不能写文案。在这样的年代里，没有一个奇怪的强迫症，如何做自我介绍呢？

我们审视他们的创作过程。

文案的生产过程里，创意激荡、发酵、成形，最终要由信息的载体表达出来。从泥板到平板，千百年以来，形式的变化改变着内容传递的核心，受众的变化改变着文案的外衣，唯独不变的是还在码字一线奋斗的文案人。从大师到老师，给出的最佳做事范儿是“要坚持”。是的，只有坚持写下去，才会和文案一起相濡以沫，午夜苦度。孤独相伴之下，一直写下去，就会知道创意文案的秘籍。

我们诘问他们的出发。

过程和结果哪个更重要不值得商讨，去做就好了。内容和形式的相对论无法辨清，去做就好了。华而不实的技巧以及朴素平实的叙事无须争论，去做就好了。介绍文案方法论的文案不计其数，根本方法只有一个，去做就好了。

谁在写文案？

所有人。

4A 健在，2B 也很 HIGH

Magic mirror on the wall，who is the fairest one of all?

（魔镜啊魔镜，告诉我，谁是这个世界上最美丽的女人?）

My queen，you are the fairest one of all.

（我的皇后，您是世界上最美丽的女人。）

——1937 年版动画电影《白雪公主与七个小矮人》

谁在写文案？在很久很久以前是讲故事的人。

在不那么久以前的 1936 年 12 月 31 日，集动画电影导演、制片人、编剧于一身的沃尔特·迪士尼的第二个女儿诞生了，迪士尼觉得要做到一心两用，既要关心他想象中的新女儿“白雪公主”，又要关心他的真女儿，是不可能的。因为这已经是这部斥巨资打造的世界第一部长篇动画电影（《白雪公主与七个小矮人》）拍摄的第三年，负债累累的迪士尼心力交瘁。于是，他很快就离开了家住到制片厂中，表明了他关心的重点所在。

不过这一年里最著名的童话故事主角并不是白雪公主，而是大西洋彼岸的英国王室成员。

给全世界儿童讲故事的迪士尼。

这年冬天，在成为英国和英联邦各自治领域国王 325 天之后，英王爱德华八世为了能够和辛普森夫人在一起而自愿退位了。这样一个看似“爱美人不爱江山”的“爱情故事”自然成为全世界万千少女的梦想。

2011 年，时年已经 54 岁的娱乐巨星麦当娜仍然被这个故事感动，也许麦当娜在歌坛是大姐大，在文案的世界里却只能算是新手。自掏腰包第二次做导演，她拍摄了电影作品《倾国之恋》。电影用双线索的方式交叉讲述了 20 世纪的辛普森夫人和现代纽约社会同名姑娘沃利斯的故事。似乎是收获了全世界最好爱情的辛普森夫人也只能是被上流社会遗弃，承受着巨大的舆论压力，客居他乡再不能返回英国。

虽然爱情成为生命中不能承受之重，但是辛普森夫人佩戴的众多珠宝首饰却着实闪瞎了银幕前的一众少女。1936 年，温莎公爵将第一份卡地亚珠宝赠予温莎公爵夫人，由此定下了两人一生的传奇情缘。

电影海报文案"W. E. WALLIS & EDWARD"（我们：沃利斯与爱德华）。你看着世界，他看着你，爱情是生命中不能承受之重。

见证诸多传奇爱情故事的卡地亚从2008年开始陆续邀请蜚声国际的艺术家诠释爱情这个永垂不朽的主题，并在作品中提出卡地亚始终如一的问题：How far would you go for love?（你愿为爱走多远。）

《倾国之恋》电影台词：You have no idea how hard it is to live out the greatest romance of the century.(你不能想象成为本世纪最浪漫爱情的主角有多么艰难。)

——来自辛普森夫人写给友人的信

你又愿意为爱坚持多久呢？永远吗？像钻石一样长久存在于世吗？“A diamond is forever”（钻石恒久远），是世界上最早的商业广告公司智威汤逊为戴比尔斯写的文案。1947 年，智威汤逊一位与戴比尔斯合作的名叫弗朗西斯·格瑞提的年轻广告撰稿人接到一项极具挑战性的任务：撰写一句既能涵盖钻石的各种物理性质，又能表达围绕钻石的传奇故事所蕴含深意的广告语。据说，那天她一直工作到深夜都一无所获，就在她打算承认失败的那一刻，她的脑中突然灵光一闪，随后她在纸上草草写下了一句话：A diamond is forever.

当戴比尔斯进入中国之后，如何翻译这句广告词就成了一个问题。香港的广告人劳双恩就是创意“钻石恒久远，一颗永流传”的译者。“穷人的孩子”劳双恩在香港大学主修地理，兼修经济课程，当过中学

“新人导演”麦当娜

老师，毕业两年后，他尝试着向电影或广告业转行。他的广告生涯始于香港奥美，1996年6月，抱着“要在中国广告的发展道路上留下‘脚毛’”的信念，他加盟了智威汤逊中乔（上海）广告公司，最终成为华人广告教父之一。

一个地理学专业的学生也可以用他的文案丈量地球经纬，因此什么专业出身并不是回答“谁在写文案”的必要条件之一。智威汤逊的詹姆斯·韦伯·扬时常认为，广告知识是“通才知识”（General Knowledge）多过“专才知识”（Specialized Knowledge）。文案亦然，不是中文系毕业的人，也能够在文案的道路上，high翻天。

卡地亚广告文案：How far would you go for love.（你愿为爱走多远。）

同样是在“沃利斯与爱德华”声名赫赫的1936年，“我以我血荐轩辕”的愤怒斗士鲁迅先生，在这一年10月也终于停下了战斗的笔。鲁迅先生弃医从文众所皆知，但是知道他同时还是一个优秀出版人的却寥寥。除了为自己的书画封面，他对书的插图、题字、装饰、版式都有研究。据不完全统计，他用画人体血管和神经脉络的笔为自己的书刊画封面，一生设计的书刊封面多达六七十种。

其中《呐喊》的设计尤为突出，书没有发声，然而确能唤起人们的回应。这也印证了鲁迅在自序中写的：“在我自己，本以为现在是已经并非一个迫切而不能已于言的人了，但或者也还未能忘怀于当日自己的寂寞的悲哀罢，所以有时候仍不免呐喊几声，聊以慰藉那在寂寞里奔驰的猛士，使他不惮于前驱。”

暗红的底色如同腐血，包围着一个偏方的黑色块，令人想起他在本书序言中所写的可怕的铁屋。[1]（黑色块中是书名和作者名的阴文，外加细线框围住。）

1926年，鲁迅先生为《未名丛刊》所写的出版文案如下：

所谓《未名丛刊》者，并非无名丛书之意，乃是还未想定名目，就用其作为名字，不再去苦想它了。

……

大志向丝毫也没有。所愿的：无非一在自己，是希望那印成的从速卖完，可以收回钱来再印第二种；二对于读者，是希望看了之后，不至于以为太受欺骗。[1]

---

① 刘功虎，《专访鲁迅博物馆馆长孙郁：战斗之外的鲁迅很爱美》，《长江日报》，2013年11月。

② 此文案最初印入1926年7月未名社出版的台静农所编《关于鲁迅及其著作》版权页后，本处引自《文案力》。

这样的出版文案在今天看来简直高贵冷艳得不可一世，恨不能跳出来直说“我的书写得太好了，以至于不屑于再去想个上蹿下跳抓你眼球的标题”。然而并不是所有的作者和编辑都有鲁迅先生这样的高姿态，在特殊时期能够将作品完成出版就已经十分不易。

1936 年，黄仁宇进入天津南开大学电机工程系就读，这一年傅璇琮刚刚 3 岁，黄仁宇在抗战爆发后入伍，1950 年退伍，然后前往美国攻读历史。30 年时光转瞬即逝，1982 年，中华书局出版了黄仁宇的《万历十五年》，傅璇琮正是这本书的编辑。尽管当时已经改革开放，出版外国人写的中国历史还是遇到了一些意识形态上的困难，傅璇琮与黄仁宇经历了两年的跨洋通信才将中文版译文最后敲定。《万历十五年》一经出版便颠覆了中国大陆读者的历史观，深深影响了一代人。

黄仁宇和他的大历史

《万历十五年》图书文案：1587 年还是 1936 年并不重要，重要的是人。

“活着的时候能够见到作品面世真是一件幸事。”一辈子出版别人作品的俄国出版人绥青于1934年去世，他的回忆录《为书籍的一生》在之后才问世，这个只在乡村小学读过三年书的出版人，跨俄国、苏联两个时代，从事出版工作达半个世纪之久，与当时许多文化名人如列夫·托尔斯泰、契诃夫等都有密切的交往。

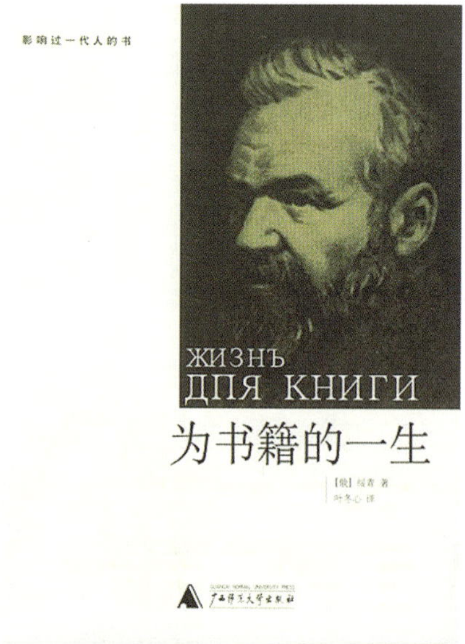

《为书籍的一生》封底文案：你可以把它当作一部小说读，小说讲到一个奇怪的资本家的生平和事业，叙述他怎样被书刊的神奇力量和教育的美好思想吸引住。你也可以把它当作一部历史文献读，文献里记载了贵族和官僚寡头政治的野蛮、愚昧和残酷的制度……一位捕鲸船长可以当政治杂志的编辑，但是一位作家、新闻记者和政治家却不可以……这一切都显得异常的可笑、愚昧、恐怖！但它确实发生过。[1]

① 〔俄罗斯〕绥青著，叶冬心译，《为书籍的一生》，广西师范大学出版社，2005年版。

这一切还在继续发生。

白雪公主的后母每天都要问她的镜子“谁是世界上最美丽的人”。用今天的标准来看，她不仅高度自恋还有强迫症，估计是上升星座为处女座的狮子座女人。但假如你也有一面回应你内心问题的镜子呢？

英国电视剧《黑镜》海报：Thrillingly, unsettlingly modern（令人激动不安的现代）。镜子里重叠破碎的众生相。

这一次，我们真的拥有了这面“镜子”。2011 年 12 月，英国电视 4 台播出的“三级（集）片”迷你电视剧《黑镜》（*Black Mirror*），每季有 3 个建构于现代科技背景的独立故事，把镜头聚焦在了科技带来的欢乐和不安之间的区域。

过去 10 年间，在我们有机会和时间思考和质问之前，科技就已经改变了我们生活中的方方面面。我们膜拜谷歌和苹果，社交网络比我们的父母更了解我们自己。我们能够访问全球所有的资讯，但我们脑子里却装不下超过 140 字的微博。

在接受英国《卫报》专访时，《黑镜》编剧兼制片人查理·布鲁克透露，“黑镜”的灵感来源于人人都有的“黑镜子”——每个家庭、每张桌子、每个手掌之间都有一个屏幕、一个监视器、一部智能手机，一面反映时下现实的黑镜子。

查理·布鲁克此前并不是蜚声国际的知名编剧和制片人，甚至至今也找不到多少关于他的消息。他暂且不能算是编剧界的“4A”，但绝对是“2B”界里 high 得最自在的。假如能够在狂欢之时暂时忘记这令人窒息的蒸笼，自 high 并没有什么不好。而镜子里的每一个拿着智能手机在社交网络上吞云吐雾的人，未尝不是文案的制造者。

每一集《黑镜》的故事文案都是现实与虚构的耦合，每一个荒唐玩笑最后都燃烧了人类自己。这是一个毫无正能量的成人童话故事，它用一系列存在或虚构的高科技产品拍下了众生相，毫不吝惜用夸张甚至刻意的视角放大绝望，用刺激连贯的镜头紧紧地把人的内心攫住。但同时，又总是留下结局可能美好的信息，让人犯贱地一路看下去，结果却仍是惨不忍睹。

很多时候，即便真相就在那里，人们还是愿意相信一个假的外衣。而已经被高科技媒介机器虚拟起来的文案世界，也即将被机器解读。

2014 年 7 月，美联社宣布从 7 月开始将使用一种新闻书写软件代替人力，处理许多财经记者赖以为生的美国企业财报报道。事实上，在此之前，美联社已经在使用来自 Automated Insights 的自动化技术进行体育赛事的数据分析，而现在，每当有上市公司发布财报，Automated Insights 会自动抓取收到的财报，基于美联社预先编辑好的写作结构，在几秒钟之内，快速生成一篇 150～300 字的新闻快讯。过去由人来写，

《黑镜》电视剧海报文案：The national anthem（国歌）。一桩龌龊的绑票案，最终发酵成一场全民的社交网络色情片狂欢。[①]

每季度只能写300篇左右，而在同样的时间里，机器人能够生产出4 400篇符合新闻规范的商业报道。经过一段时间的调试和质量控制，该软件在未来将有望实现全程自动发布。

理论上说，财经新闻报道写作和创意文案还是有着巨大差别，因此还在为创意文案绞尽脑汁的各位尚不用担心自己会失业。然而这绝不是什么黑色喜剧，而是沉痛的悲剧，就像法国导演雅克·塔蒂在拍摄那部预见未来的《游戏时间》时已经把喜剧给拆得七零八落，徒留那些机械

① 图根宾木匠，《〈黑镜子〉我们为什么还没有见到外星人》，《文艺风象》杂志，2012年5月。

化的耳鬓厮磨。[1]

谁在写文案？

有呼吸的人与没有呼吸的机器。

一呼一吸之间，活塞上下抽动的间隙，文案被迅速分泌，滴落在滚烫的现实上，甚至来不及发出“嗞”的一声，就成为文案蒸汽时代的一分子，笼罩世人。又或许这个世界里不再有“世人”这个称谓，人们早已经成为显示器上一个个虚拟的符号，困在自己单元房中消耗着自己的精力，行使着所谓的投票权，但终究只是机器的傀儡。科技为芸芸众生建筑了一座困囿我们的集中营，它的悲观远甚于《摩登时代》里的工厂抑或是《大都会》中的地下国度。但如果某一天虚拟世界如《黑客帝国》里一样强大，直接连接我们的大脑，赋予我们真实的体验，届时我们将会怎样去选择？怎样去分辨？真与假又有何意义？

影迷眼中的神明——安迪·沃卓斯基

1999 年安迪·沃卓斯基编剧并执导的《黑客帝国》（*The Matrix*）成为一种重要的类型片代表。其中许多文案内容具有多重文化意义，成为影迷争相破解、研究的对象。例如电影片名中“Matrix”的本意是子

① 大灰狼，《悲观的科技主义》，豆瓣网。

宫、母体、孕育生命的地方，同时，在数学名词中，又代表矩阵。电影里的 Matrix 是一套复杂的模拟系统程序，它是由具有人工智能的机器建立的，模拟了人类以前的世界，用以控制人类。

《黑客帝国》电影海报文案：Believe the unbelievable.（相信不可能。）

科技改变的人类生活里又有什么是不可能的呢？文案的世界之大，允许一切发生。

沃卓斯基绝对算得上是编剧界的“4A”，《黑客帝国》之后还有充满隐喻意义的《V 字仇杀队》问世。《V 字仇杀队》也是将设定放在了未来的世界之中。但是他的文案并不是空穴来风、无中生有，在 1936 年提出“图灵机”理论的阿兰·图灵被誉为是“人工智能之父”，而“图灵机”可以被简要概括为用机器来模拟人们用纸笔进行数学运算的过程。今天看来，计算机似乎无所不能，宛如新的上帝。但即使是这位“上帝”，也逃不出逻辑设定的界限。这些都是沃卓斯基在 20 世纪 90 年代能够写出《黑客帝国》的基础。

1954 年 6 月 7 日，阿兰·图灵被发现死在家中的床上，床头放着一个被咬了一口的苹果。

阿兰·图灵不仅在“二战”中破译了德军的密码，也因为在数学和计算机领域的卓越贡献，而被后世用以冠名被誉为“计算机领域的诺贝尔奖”的图灵奖。图灵奖的评审十分严格，每年只有一到两名获奖者。在为数不多的获奖人中，就有 TCP/IP 协议的开发者。该协议又叫作网络通信协议，是 Internet（互联网）的最基本的协议，定义了电子设备如何接入互联网以及数据传输的标准。这也是如今能够用手机、电脑接入互联网的根源所在。

图灵奖的获奖人里还有艾伦·凯。这个人名你也许不熟悉，不过你一定听说过他的工作结果以及它们产生的影响。艾伦发明了 Smalltalk 编程语言，并发展出图形使用者接口（GUI），即苹果麦金塔电脑的原型。1970 年成立的帕克研究中心，阿伦·凯成为第一个雇员，1979 年，凯邀请乔布斯来到帕克参观，当时的乔布斯对视窗图形用户界面印象深刻。

说到乔布斯，很难不说“苹果”。这种蔷薇科苹果属植物果实，仅在中国就已有两千多年的栽培历史，同时还是全世界最普遍的水果，是和《圣经》故事一样久远、普遍的存在。

我们所知道的历史上第一个苹果就是《圣经》中亚当、夏娃背着上帝偷吃的苹果，在吃苹果之前，亚当和夏娃没有任何分别心，吃了苹果后却首先有了羞耻感。人类自从有了分别心，就陷入了苦难和无尽的烦恼之中。甚至有人要烦恼一下为什么苹果要落到他的脑袋上，于是人类的近代科学就此生根发芽。

1936版《白雪公主》电影台词文案：One bite and all your dreams will come true.（咬一口这苹果，你所有的愿望都会实现。）这与引诱亚当、夏娃的那条蛇的说辞多么相似！

写手丹·布朗在《达·芬奇密码》里对牛顿、达·芬奇和苹果的描述使得“苹果”具有了浓厚的宗教意味，最后解开密码筒的答案正是“APPLE”——“提彬一脸茫然，他回过头，看到了拱心石。奇怪的是，刻度盘已不再如刚才那样杂乱了。它们组成了一个由 5 个字母组成的单词：APPLE。‘当年夏娃吃下苹果，’兰登冷静地说，‘触犯了上帝的盛怒，因此犯下了原罪，于是苹果就成了神圣女性堕落的象征。’提彬觉得真相以一种质朴得让人难以接受的方式朝他劈头盖脸地袭来，那个本来应该放在牛顿坟墓上的圆球竟然是从天而降，砸在牛顿头上并给他终生事业带来灵感的红艳艳的苹果，是他辛勤劳作的果实。”①

---

① 〔美〕布朗著，朱振武、吴晟、周元晓译，《达·芬奇密码》（插图珍藏版），上海文艺出版社，2014 年版。

亚当这一口苹果咬得多么委屈，不仅卡在了喉咙上成为男性的喉结，还因为是原罪的象征，于是又要被用在童话里引诱白雪公主，因为年龄太小、食管发育不完整的小姑娘也被这一口苹果噎死了。前面说到的数学天才阿兰·图灵也是因为食用浸染过氰化物溶液的苹果死亡。这真可谓是“一颗苹果引发的血案”。

中信出版社出版的《史蒂夫·乔布斯传》创造了整个华文图书营销大格局。

坊间传说苹果公司的 Logo 源于图灵自杀时咬下的半个苹果，当然，在文案弥漫的蒸汽时代里，传说总会被否认。但不可否认的却是，乔帮主的苹果横空出世之后，别的“苹果”总好像是听了农业重金属摇滚一样发育不良。尽管苹果的广告文案总是简单到令人发指，但是乔布斯却是过去 10 年里全世界最好的广告文案大咖——因为他卖的东西改变了世界。

iPhone 4广告

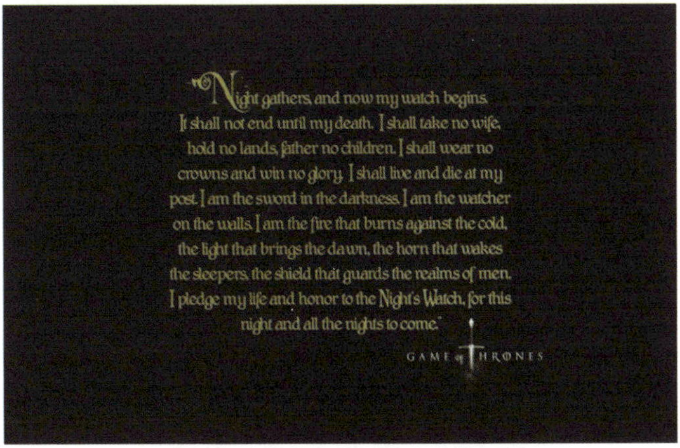

《权力的游戏》中“守夜人的誓言”：长夜将至，我从今开始守望，至死方休。我将不娶妻、不封地、不生子。我将不戴宝冠，不争荣宠。我将尽忠职守，生死于斯。我是黑暗中的利剑，长城中的守卫。我是抵御寒冷的烈焰，破晓时分的光线，唤醒死者的号角，守护王国的铁卫。我将生命与荣耀献给守夜人，今夜如此，夜夜皆然。[1]

---

① 〔美〕乔治·R·R·马丁著，谭光磊、屈畅译，《冰与火之歌·卷一：权力的游戏》，重庆出版社，2011 年版。

早在 iPhone 出现之前的 2005 年，在那场著名的毕业演讲上，乔布斯回顾自己被自己的公司开除的经历时，说：“有些时候，生活会拿起一块砖头向你的脑袋上猛拍一下。不要失去信仰。我很清楚唯一使我一直走下去的，就是我做的事情令我无比钟爱。你需要去找到你所爱的东西。对于工作是如此，对于你的爱人也是如此。你的工作将会占据生活中很大的一部分。你只有相信自己所做的是伟大的工作，你才能怡然自得。”

咬下那口苹果吧，立下一个誓言。

美国著名科幻奇幻小说家乔治·马丁的《冰与火之歌》系列无疑是这个 10 年里最炫酷的奇幻文案。文艺复兴的故事像巴洛克建筑一样繁复甜腻，科幻未来似乎又陷入了与现实高度重合的困境里。东走西顾之时，人们重新发现了中世纪重口味的美。

小说《冰与火之歌》

《冰与火之歌》是关于维斯特洛大陆之上五大城市、七大王国、九大家族的宫廷斗争、疆场厮杀、游历冒险和魔法抗衡，故事文案仿佛是一面来自传说时代的镜子，影影绰绰之间，照射出了英雄主义、奉献精神和奸猾阴谋，还将书中人物放在一个“真人”的角度，反射了他或她在时代和社会的旋涡中不同的境遇与选择。“冰与火”也正是人性的挣扎，这样的挣扎又把我们从机械化的生活里拉出来，回到有着羊皮纸和羽毛笔的很久很久以前。

喜欢终结角色却又不愿意写完故事的乔治·马丁。

乔治·马丁同时也是将小说改编为《权力的游戏》的编剧之一，他自己也表示电视剧高度忠实于原著。而从1996年第一部《冰与火之歌》出版到现在已经快20年过去了，从故事会有“四部”发展到需要“七部”才能讲完，更让全球剧迷抓狂的是马丁刚刚写完第五部。“坑神”马丁先生显然并不着急，在建造维斯特洛大陆的世界里玩儿得正高兴。

电视剧《权力的游戏》海报：All men must die.（众人皆死。）就算不被阴谋结束，也要顺从天命。

丧钟为谁而鸣？作为战地记者，海明威目睹了1936年爆发的西班牙内战，写出了反映西班牙内战全景、具有史诗般宏大规模的《丧钟为谁而鸣》。战争结束后许多年，回忆起自己的青年时代，他又写下了《流动的盛宴》，这些关于巴黎的记忆都已在时光的透镜里失焦、变形。在历史上不计其数的关于巴黎的虚构或非虚构作品中，《流动的盛宴》是最著名的作品之一，其扉页上的文案——“假如你有幸年轻时在巴黎生活过，那么你此后一生中不论去到哪里她都与你同在，因为巴黎是一席流动的盛宴”，已经成为巴黎的“文化名片”。

爱巴黎的文案人不只海明威一个，尽管1936年的伍迪·艾伦刚刚一岁，却并不妨碍他在拍过40部影片后，在絮叨过许多城市的风情与爱恋之后，在和女友的亚裔养女发生过爱欲婚恋之后，写一封情书给巴黎——《午夜巴黎》。这位迎娶了自己前女友养女的编剧兼导演，其电影范畴横跨戏剧、脱线性喜剧，和乔治·马丁不同的是，艾伦拍摄电影的效率高多了，他常包办编剧、导演，有时甚至自己上阵演出。

纽约大学的“坏学生”伍迪·艾伦。

《午夜巴黎》剧照

《午夜巴黎》台词：我相信真实纯正的爱情能产生一个纾解死亡的过渡阶段，所有的懦弱都出自于没有爱或被爱得不彻底。

正像《电影编剧的秘密》一书中所说的一样，“每一部优美的电影后面都站着一个出色的编剧……编剧总是第一个哭泣的人。信天游有一句歌词：‘信天游，不断头，回回唱起来热泪流’。‘我歌我泣’才是写剧本的状态”，“在这个人人都很自恋的时代，编剧是最不能自恋的职业”。电影《霸王别姬》和《活着》的编剧芦苇就是以这样的视角看待编剧这个职业。有趣的是，“霸王别姬”的故事由来已久，却碰巧在 1936 年同时出现了两个改编的版本，一个是郭沫若的《楚霸王自杀》，另一个是张爱玲的《霸王别姬》。而电影《霸王别姬》的主要人物原型——梅兰芳先生，也在 1936 年秋天重新回到京津的舞台，再次与杨小楼演出《霸王别姬》。

同样是民国传奇，电影《一代宗师》的故事也以 1936 年的广东佛山为背景，描述了一幅“拳有南北，国有南北乎？最有德行之人才堪会长重任，然这浮世虚名却引得无数迷乱之人狂醉奔忙，浪掷残生。生逢乱世，儿女情长埋藏心底，被冷若寒冰的车轮碾作碎泥”的画卷。这部拿下众多奖项的电影作品是王家卫“八年筹备，三年拍摄”的精良之作，他既是导演也是编剧，每一个镜头，每一句台词，都经过反复琢磨。在这样“快”的一个时代里，王家卫的“慢”无疑是他立身的秘籍。

电影《午夜巴黎》穿越了20世纪20年代里巴黎的“黄金时代”，而中国的《黄金时代》在20世纪20年代到40年代里，一群年轻人经历了一段放任自流的时光，自由地追求梦想与爱情，有人在流离中刻骨求爱，有人在抗争中企盼家国未来。

《黄金时代》电影预告海报（美国版）

《黄金时代》的导演许鞍华是香港人，父亲曾在国民党内做文书，母亲则是一名日本人。整个家庭堪称是一个20世纪中国社会历史的缩影，这些都深刻地反映到她的作品中。在电影《天水围的日与夜》以及《桃姐》中，镜头下的小人物生存写真总能刺入人心。编剧李樯是如假包换的中原男人，曾经的北漂生活让他能够细腻地描绘出人世间的孤独和惆怅，能够运用饱含生活的艰难与内心的情感，带着略微的嘲讽与更多的悲悯来创作剧本。他的作品《立春》中的王彩玲，如虫豸一般的人生，一如虫豸一样敏感于春天的到来。

同样擅长关注无标签化的"2B式"小人物人生，两位"4A"大人物各自的形象标签鲜明可见。导演许鞍华喜欢短发，而编剧李樯则从来以儒雅的文人形象示人，港式城市女人加叠内陆斯文书生，合奏文案人的第九交响曲。

电影《黄金时代》中"总要坦然面对失去换来的拥有"，去国怀乡的东北作家群在流离中获得了极大的自由，那是属于他们的"黄金时代"。反观今时，电影宣传期中，华丽昭彰的海外版海报衬托下，网络版海报引起一片哗然。观众不喜欢背诵他的课文，却也不能接受鲁迅先生"想骂谁，就骂谁!"的形象。文艺影片与网络碎语格格不入，生硬突兀难以下咽。

4A与2B之间，也许只有一张海报的距离。

文案江湖是否回归"黄金时代"？编剧、导演、记者、作家、诗人、编辑、广告人难道就是文案世界的全部角色？归功于社会化媒体的繁荣，给了传统文案转变的机会，无论是140字的微博还是洋洋洒洒的长文案，你都能从中发现一些仿佛似曾相识却又不再一样的地方。

文案从来没有没落过。互联网只是让文案重新翻滚，加速蒸腾喷沸。

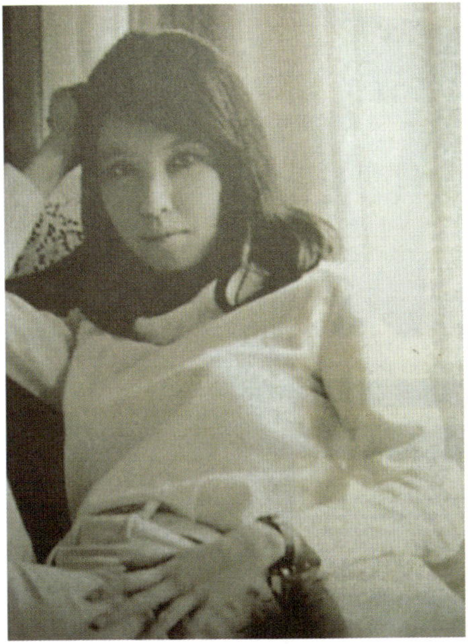

对疼痛和文字近乎神经质敏感的三毛。

受豆瓣注册用户高度关注的台湾作家三毛当然不能够被归入到网络时代里。但是她在网络时代再次走红，在她离开这个世界十几年之后，她似乎成了“国民姐姐”，每个人心中都有了一颗橄榄树，都有了浪迹天涯的愿望。这个生于重庆长于台湾的作家，也曾有过“雨季不再来”的少女时期，更是有自己的“撒哈拉的故事”，终于“万水千山走遍”看过“滚滚红尘”，也终于拜访了张乐平老先生，因为她正是用了张老先生 1936 年出版的漫画《三毛流浪记》里面的主人公的名字做笔名。不管是流浪儿三毛还是作家三毛，他们身上浪迹天涯同时又要固守自我的抗争精神，是被互联网这个无形的大网拢住锁死的一代人心生向往之所在。

所以当然还是要有江湖。每一个写文案的人心里都有一个江湖。

江湖故事里一定有高手，不管这个江湖的注意力是不是已大部分都是在互联网上。网络之外，1936 年查良镛（金庸）离开家乡海宁，入嘉兴一中读初中。随着 1937 年日军的全面入侵，他辗转多地的中学时代就此开始。“有华人的地方就有金庸”，金庸创造的武侠世界，是所有人的江湖，每个人都能在里面看到自己的影子，实现自己经国救世的愿望。但是对于查良镛，那个 12 岁的少年，是不是在坐着乌篷船离开家的时候，就已经开始了自己的江湖生涯？

而网络中，痞子蔡大概是网络文案江湖上最早现身于榜单上的独行者。《第一次的亲密接触》其实在今天看来并不是一个多么精彩的故事，“轻舞飞扬”这个矫情的网名也停留在了 20 世纪。要是一定要说《第一次的亲密接触》有什么划时代性的意义，大概就是里面渗透出来的那种互联网路子——虚拟与现实的交替。你并不会知道坐在屏幕那端的是什么样子的人，你也不会知道自己在网上说的话究竟是否体现了你的本心。

但是高手之所以称为高手，是因为菜鸟更多。七七八八的网络小说、微小说风起云涌，仿佛文案的蒸汽累积成云就要下雨，结果却是“雷声大，雨点小”。

有人说近两年那些被改编成为电影、电视剧的网络小说，它们总能够算是现在文案江湖里成功的典范，然而就像我们今天回头再看《第一次的亲密接触》一样，十几年后再回首，我们会思索到底是这些小说和改编出来的电影真的好，还是因为无忧无虑、无聊到看这些小说和电影的青春时光好？你心里那个江湖的写手到底是网上的某某，还是你自己？到底是小说里的爱情故事感人，还是看这故事的时候因为自己的爱情而感动更深？

菜鸟经过进阶，总有成为高手的机会。

“80后”广告人郝连会（网名东东枪）是这样描述自己的，“文字/创意工作者，个体创作者，各种爱好者”，从2004年，开始撰写网络博客“枪·东东枪的枪”，到2012年，受导演英达之邀，担任电视情景喜剧《我们一家人》总编剧，这位号称居住在北京朝阳区的小胖子也同时有着在奥美工作7年的职业经历。在他的新书《拿不动的世界》里，他总能写下“他已经成功地把她的脸忘掉了，他已经成功地把她的生日忘掉了……唉，只差那么一点点，他就连他自己还爱着她也忘掉了”这样简单、有趣，而又在脑海中挥之不去的画外音般的诗句。

故事的结局是：有一个疯了瞎了的你，
还有一个世上仅剩的我，
他们从此永远不分开，
过上了幸福的生活。

童话故事的最后，公主和王子从此过上了幸福的生活。然而在文案的世界里，幸福的结局往往是留给镜子里的人的。

好了，现在放下书本，拿起手机，面对黑漆漆的小屏幕，你又看见了谁呢？

要致敬，先自虐

想要从文案菜鸟进阶为大师，在向影响自己走上文案这条不归路的大师们致敬之前，要先磨刀霍向自己。

不必急着挥刀自宫，也不必日日夜夜头悬梁锥刺股，毕竟现代人在电子产品的辐射之下，秃头掉发的队伍已经十分壮大。鉴于文案进阶之路漫漫，自虐的方式也需要与之配套，不需要上下求索，只需要先回答一个简单的问题：你饿了吗？

士力架——这款1930年就诞生的牛轧糖是能量型巧克力的主力产品。1992年玛氏公司把士力架带到中国，和M&Ms巧克力豆一起，成了“90后”从小在超市的主要惦记对象。

1936年在西班牙内战中看到战士们正在吃包有一层硬糖来防止溶化的巧克力球，玛氏创始人弗瑞斯特·玛氏被“这颗小球”启发了灵感。1954年M&Ms糖果公司的总经理约翰·麦克纳马拉找到罗瑟·里夫斯时，这款产品已经成为家喻户晓的品牌，不过里夫斯只花了10分钟就创作了这条世界最著名的广告文案。

但这并不意味着里夫斯只花了10分钟就具备了创作这条文案的能力。

横扫饥饿，做回自己

警告：饥饿者慎入

饿了的时候你是谁？

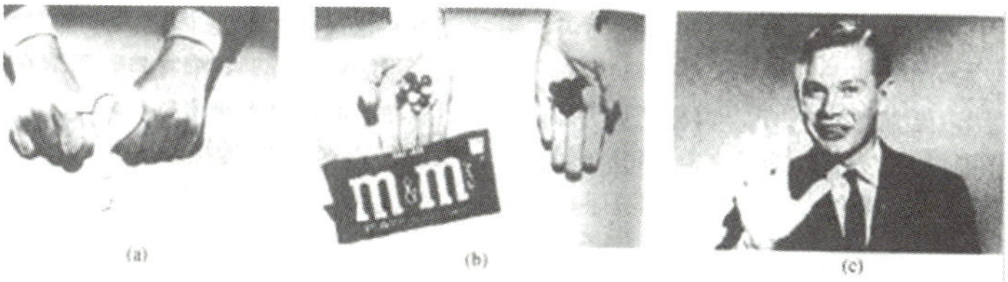

（a）～（c）：M&Ms 巧克力最早的电视广告，旁白说："哪只手里有 M&Ms 巧克力呢？不是这只脏手，而是这只手。因为，M&Ms 巧克力——只溶在口，不溶在手。"

M & M's巧克力广告文案：只溶在口，不溶在

著名广告人罗瑟·里夫斯（Rosser Reeves）19 岁开始谋生，在《里士满时代快报》当过记者。但是为了寻求收入更高的职业，他来到里士满的一家银行，当上了广告经理。从此他对广告产生了兴趣，但是觉得

在银行做广告始终不专业，所以他来到纽约的赛梭广告公司，正式当上了一名广告撰文员。在与各行各业的广告客户接触中，罗瑟·瑞夫斯积累了大量的经验，初步形成了自己的创作风格——靠事实打动消费者。

在事实的基础上，他提出一个独特的销售主张，是里夫斯为整个广告文案界制定的高端游戏规则——USP（Unique Selling Proposition，独特的销售主张）理论。

美国电视剧《广告狂人》在第一季的第一集里，就隐晦地表达了里夫斯的 USP 方法，主人公唐·德雷伯（Don Draper）在情急之下想出的香烟广告文案一语双关，在整个香烟行业里率先指出客户的香烟是经过烘焙的，同时也是受到祝福的。而其他品牌的香烟，虽然也经过了烘焙，却瞬间变成了有毒和癌症的象征。双关语在此仿佛是点亮香烟时的火柴一般。

《广告狂人》电视剧：It's toasted.（它是烘焙的/受到祝福的。）文案产生影响的基础是要带来幸福，而不是癌症。

德雷伯当然在说事实，只是他只把话说了一半。

电视剧《广告狂人》海报文案双关语：Where the truth lie.（真相在此/真相在说谎。）

正如我们始终无法看见此海报中人的真面目，电视剧中的主人公的身份也是假的。这个穿着灰色风衣的男人甚至不是唐·德雷伯，他年少时受到后母的虐待，吃不饱穿不暖还要多干活，简直是现代版灰姑娘。作为一名广告文案人，唐年少时饥寒交迫的经历对他成为一名出色的创意总监颇有助益。

古人说："食色性也"，也有古人说"天将降大任于斯人也，必先苦其心志，劳其筋骨，饿其体肤……"，可见，饥饿确乎是一种折磨，让人饥饿就是一种虐待。但是今天，饥饿更像是一种存之于心的长期状态，首先因为写文案是一件劳神费力的事情，虽然不用去搬砖拉磨，但是在脑子里小马达不断转动来绞尽脑汁出卖，本身也是很消耗热量的。

我们没有经历过饥荒，但是我们确实知晓饥饿。

这种饥饿也许并不是畅销书作家苏珊·柯林斯在《饥饿游戏》里表达出来的那种渴望。

这种饥饿也不太像是《拿什么拯救你我的爱人》中，主人公龙小羽对于饥饿的描述。他说：饥饿，这是任何一个人最本能的恐惧，在饥饿面前一切都是次要的，都不能和它相提并论。人可以为爱情献出生命，但没法抵抗饥饿。长时间吃不饱的感觉真是难受极了，它能每天让你不想别的，什么都不想，每分每秒只想能到哪儿弄点吃的。

图书《饥饿游戏》：在这人吃人的世界，胜负就是生死，唯有爱上对手，才有存活的机会！
“爱上对手之后还能存活”这句话完美印证了它是写给青少年看的书。

龙小羽们的饥饿实在太赤裸裸，像是时代赋予的难以逃脱的宿命。海岩的饥饿也许就是这样，对安全饥饿，对知识饥饿以及真的饿，他描述自己的过去为：我的少年时期则是在“文革”中度过，父母被造反者隔离，我从10岁开始辍学并独自生活，起居自由但心灵压抑，而且不

海岩——一流的室内设计师，二流的酒店管理者，
三流的作家，四流的编剧。

他们一样恋爱、一样工作、一样社交、一样生活，看起来可以毫无二致，但是，当一个机会突然出现，当一场灾难突然降临，当一个重要的十字路口突然横在面前，他们的反应会一样吗？选择会一样吗？表现会一样吗？从小挨饿和从小饱食终日的人是殊途同归还是南辕北辙？[①]

敢上街，怕被人打。直到15岁那年走后门当了兵，才翻身变成革命大熔炉中的一员。退役后当过工人、警察和机关干部，总的还算顺利，就是没想到我这个15岁前就经常被送到农村接受再教育的“知识分子”，在“文革”后却因为连初中文凭都没有而险被机关清退。为这事我至今苦笑，觉得自己这辈子总是生不逢时。该长牙发育时偏逢自然灾害，跟不上营养；该上学读

① 海岩著，《拿什么拯救你我的爱人》，作家出版社，2006年版。

书时又遇“文革”，没受到教育；该工作提拔时又刮学历风……①

有的饥饿则在肌肤上深深划下伤口。1936 年诗人叶甫盖尼·亚历山大罗维奇·叶甫图申科才 3 岁，祖父姓汉格努斯，是位颇负盛名的数学家，父亲是位地质工作者，酷爱诗歌。外祖父姓叶甫图申科（诗人从外祖姓），是红军高级将领，1938 年因被诬陷为反革命而惨遭枪杀，同年，诗人的祖父也因莫须有的罪名被捕并遭杀害。祖辈的冤死对他日后的文学创作有深远影响。《不要在死期之前死去》是他的作品之一，有人评论说，这是一部政治新闻纪实作品，在许多有趣故事的掩饰下披露了苏联解体前后政治动荡的真相；也有人评论说，不，这基本算是侦探小说，因为那位有魅力的侦探的破案故事贯穿始终；有人说，这是记述足球明星和女攀岩运动员的爱情小说；也有人说，由于作者在书中对自己 3 次婚恋和人生遭遇的坦诚自白，本书带有自传的性质……

以上种种经历，对于“80 后”、“90 后”显然是未曾经历过的沧桑，但是他们却也的确知道饥饿的样子。有的时候年轻一代会想要有冒险、有跌宕的人生，就像电影《等风来》里面的王灿，就担心自己会平庸地死去，就担心生活太平稳，恨不得能重回革命时代。在《新周刊》建国 50 年特刊《青春——从新中国到新新中国六代人的青春影像》中，新一代文案人蒋方舟这样描述自己的世代：那一年留给我的最大印象就是饿，每时每刻都在觅食……这种“饿”多半还是心理上的……在没有任何娱乐可能性的环境中，吃就成了唯一的消遣，考好了就大吃，考不好就狂吃。

“过早的成熟就是十全十美吗?”蒋方舟年少时一家人住在 30 多平方米

① 百度百科词条：海岩。

的一室一厅里，她甚至没有自己的房间和书桌。在母亲“法律规定，小学毕业前必须写一部书，否则会被警察叔叔抓起来”① 的恐吓中，她开始写作，年少成名之后关于她过于早熟和性格孤僻的言论纷纷扰扰，写作的焦虑感也一直如影随形，哪怕她成为《新周刊》的编辑之后，也是时刻谨慎和焦虑。

图书《我承认我曾历经沧桑》：记录本身即已是反抗。

所有的焦虑、压抑和窒息都要自己吞咽消化。哪怕此刻你依然饥肠辘辘，囊中羞涩，也还是要大步向前，寻找能够幻化出美色文案的食材，积累是烹饪出绝顶好文案的必备技能。

---

① 《对话蒋方舟：写作是从模仿开始的》，《意林》，2008 年 21 期。

1936年，年仅9岁的马尔克斯独自到巴兰基利亚去上学，从此永远离开了阿拉卡塔卡。阿拉卡塔卡是马尔克斯8岁前生活的地方，他与祖父母生活在这个小得不能再小的镇子上，每天听到各种民间传说和怪力乱神的旧闻。大概世上再也没有比马尔克斯对这个令他一生魂牵梦萦的小镇怀有的乡愁更浓重的乡愁了——“无论在拉丁美洲的哪个国家，我都不会放弃与故乡阿拉卡塔卡的联系，终有一天我会回到那里，在那里寻找作品中的原始素材”。多年以后，他在自己浩瀚的精神世界中，以“马孔多”的名字来称呼它、追念它、刻画它，表达自己对于这个小镇和它代表的精髓的怀念和渴望，直至它为全世界所熟知。

马尔克斯的故乡是人鬼交混、充满着幽灵的奇异世界，离开那里就是流浪。

写完《百年孤独》之后许多年，马尔克斯再次回到“马孔多”，这里再次激发了他的灵感：一对男女疯狂陷入热恋，却因为仅有20岁太年轻而不能结婚；等他们经历了人生的风雨沧桑，却因为80岁太老而不能结婚。写这样一个爱情故事，哪怕大师如马尔克斯也是一件劳神费力的事情。2000年，已经过古稀之年的加西亚·马尔克斯说：“我最近在读《霍乱时期的爱情》，说真的，我很惊讶。看得出我胆子真大，不知道当时我是怎么办到的。其实我很引以为傲。总之我走过来了……我度过了生命中某些非常黑暗的时刻。”①

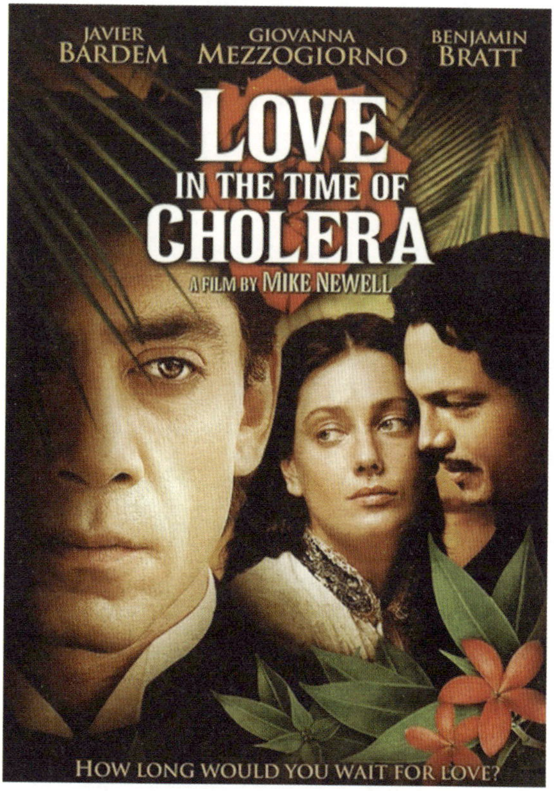

《霍乱时期的爱情》电影海报：How long would you wait for love?（你愿意为爱等多久？）

老人会死，年轻人要恋爱，死只有一次，恋爱则有多回。

① 毛毛，《有两本书让人悲凉：一是〈午夜之子〉，一是〈霍乱时期的爱情〉》，豆瓣网。

对于爱情的饥饿不分年龄。1936 年，22 岁的杜拉斯在巴黎的法学院读书时漂亮而放荡，浪漫史不断。“玛格丽特·杜拉斯，她写作，有的只是用来写作的铅笔和水笔。除此之外，她一无所有。”这是 1988 年玛格丽特·杜拉斯接受吕斯·佩罗访问时在题铭中所说的一段话。她曾经对最亲密的女友说：“真奇怪，你考虑年龄，我从来不想它，年龄不重要。”有着传奇经历、惊世骇俗叛逆性格、五色斑斓爱情的艺术家，却是一个出生在越南嘉定法国殖民地的女人，父母都是小学教师。杜拉斯 4 岁时丧父，童年的苦难和母亲的悲惨命运影响了她的一生。除了是一位优秀的小说家，作为电影和戏剧导演兼编剧，杜拉斯也是硕果累累。

玛格丽特·杜拉斯：她写作，有的只是用来写作的铅笔和水笔。除此之外，她一无所有。

1984年，杜拉斯在70岁时发表了她最著名的小说《情人》，在这部十分通俗、富有异国情调的作品里，她以惊人的坦率回忆了自己16岁时在印度支那作为一个贫穷的法国女孩与富有的中国少爷之间深沉而无望的爱情。

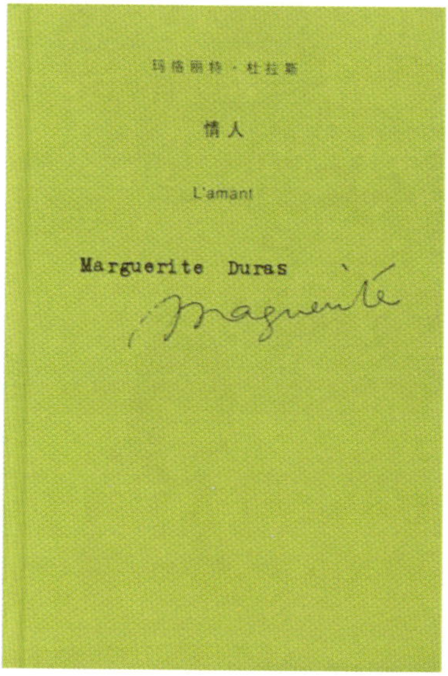

我自以为我在写作，但事实上我从来就不曾写过。我以为在爱，但我从来也不曾爱过，我什么也没有做，不过是站在那紧闭的门前等待罢了。[①]

假如说《来自星星的你》满足了地球上女人们对于爱情的饥饿，那么《一起用餐吧》就同时满足了地球上的女人们对于爱情和美食的欲望。虽然没有超能力男友，但是最后要是有个愿意随时带你去吃美食的男朋友也能带来实实在在的满足感。这部极其小众的韩国电视连续剧在豆瓣网上的评分比《来自星星的你》还要高出那么一小点。

① 〔法〕玛格丽特·杜拉斯著，王道乾译，《情人》，译文出版社，2014年版。

献给因为孤单吃很多饭的你，

献给因为厌倦睡很多觉的你，

献给因为悲伤哭得很多的你，

我写下，

把陷入困境的心当作饭一样咀嚼，

反正人生都是要由你自己来消化的。

——电视剧《一起用餐吧》台词

“饥饿和孤独是我创作的财富，”作家莫言说，“仅仅有饥饿的体验，并不一定就能成为作家，但饥饿使我成为一个对生命的体验特别深刻的作家。长期的饥饿使我知道，食物对于人是多么的重要。什么光荣、事业、理想、爱情，都是吃饱肚子之后才有的事情。因为吃我曾丧失过自尊，因为吃我曾经被人像狗一样地凌辱，因为吃我才发奋走上了创作之路。”在成名之后，自嘲这段饥馑年代的经历，亦成为莫言文案来源的粮仓。自虐与被虐，一同成为岁月的陈酿。

莫言：当我成为作家之后，我开始回忆我童年时的孤独，就像面对着满桌子美食回忆饿一样。

因此，当我们说起饥饿的时候，我们在说什么？单纯因为写文案的生理消耗吗？产生饥饿的原因千差万别，有的时候是嘴巴寂寞了，有的时候却是人寂寞。孤独和寂寞着实是写文案的两剂良药，包治各种“写不出来”。孤独不可耻也不可笑，因为这正是“自虐”的重中之重。不管能不能消化得了，想要写文案的人首先要给自己点一道“孤独”。这有可能是因为路上没有志同道合的伙伴，有可能是因为离梦想太远，所以不得不一人一纸一笔一颗心，独自徘徊影零乱。

1936 年，在亚欧大陆的另一端，13 岁的辛波斯卡失去了父亲。“我不想成为上帝或英雄。只想成为一棵树，为岁月而生长，不伤害任何人”，不安定的童年生活，英年早逝的父亲以及 3 年之后爆发的“二战”给家庭带来的沉重打击，使辛波斯卡将自己藏到了她的诗歌背后。辛波斯卡的窗外一直有一株白杨默默生长，我们不知道，这位声称所有的写作灵感来源于她生存于其中的世界的诗人，是以怎样的眼光每天审视这颗白杨，写出《我曾这样寂寞生活》。在《万物静默如谜》中，就有激发几米创作《向左走，向右走》的那句“他们彼此坚信，是瞬间迸发的热情让他们相遇”。

震动于诗的力量，几米在《地下铁》中创造“诗人”这个角色，向辛波斯卡致敬。书中更借盲女之口，念出辛波斯卡《我们何其幸运》里的诗句：“我们何其幸运/无法确知/自己生活在什么样的世界。”

今天的书籍海报抑或是书籍的腰封上对书籍的推荐都会引用“名人力荐”之类，来增加新书的知名度。辛波斯卡作为诺贝尔文学奖的获奖者，在文案上的造诣肯定要远远超出几米，但是有多少中国年轻人是通过几米才知道辛波斯卡呢？更多时候，名人们是“被推荐”，自己甚至没有看过这本书。

在为书籍写的广告，除了好友之间互相写的序跋，真正的真心推荐真是少之又少。

在作家巴金翻译的《快乐王子集》中，他为这本王尔德的童话集写的广告语充满了对这些故事的喜爱。他说：英国王尔德所作童话九篇全收在这个集子里面。王尔德的“童话”并非普通的儿童文学，却是童话体的小说。在这九篇童话里，作者仍然保持着他那丰丽的辞藻和精炼的机智。英格列比认为：“这些童话表现得精妙绝伦，丰富的想象给每篇故事装饰了珠玉，作者有着驾驭文字的能力，每一句话都是经过熟思后写出来的，但同时却有着自发的动人力量。”① 我们都知道快乐王子最后的结局，也知道夜莺耗尽心神催开的玫瑰最后也只能零落成泥。

我们都在阴沟里，但仍有人仰望星空。

① 范用著，《爱看书的广告》，生活·读书·新知三联书店，2004 年版。

英俊的王尔德尽管出身世家，也不能避免因为所爱之人与自己同性别而受到牢狱之灾，在监狱服了两年苦役。这两年，王尔德停止了戏剧创作，在狱中写下了诗作《瑞丁监狱之歌》和书信集《深渊书简》。在这两部作品中，他的风格发生了转变，已很难寻得唯美主义的影响。他死时只有两个朋友陪在身边。王尔德在巴黎的墓地则按照他在诗集《斯芬克斯》中的意象，雕刻成了一座小小的狮身人面像。

一个诗人灵魂的呢喃。
一个唯美主义者最后的呼喊。
一部在全球销售超过2 000万册的书信集。

显然，独自仰望星空的人是孤独的。但是再孤独的人都要吃饭，都要过着和地球上的众生一样的浮生一日。随着人们的注意力愈发分散，我们很难再像鲁迅先生那样高冷地为自己的新书起个不知所以然的名字，更多时候如果书名不吸引人，很有可能就是分分钟被打入“冷宫”。

比如《孤独的人都要吃饱》，其实就是当下文艺小青年一部关于美食与情感的随笔集。《一个人到世界尽头》其实是一个解构现实的虚构故事，作者是奥地利年轻作家托马斯·格拉维尼奇（Thomas Glavinic），他在踏入文坛之前曾当过农场工人、出租车司机、广告文案撰写人。

文案无处不在，饥饿无时不有。“成天加班、疲惫不堪的人，失恋痛哭的人，梦想受挫、意志消沉的人，忘却日常乐趣的人，被沉重的工作压得透不过气的人，因上司蛮不讲理满腹牢骚的人，置身幸福之中欢欣雀跃的人——让大家吃饱喝足、心满意足，满面笑容回家的治愈天堂。”没错，这就是《深夜食堂》里画家安倍夜郎写的文案，尽管这是本漫画书。很快，《深夜食堂》被翻拍成电视剧，导演是日本大学电影导演学科毕业的松冈锭司，虽然是科班出身，可多愁善感的松冈大学毕业后，在影界没谋上职，感情上的失意、个人生活上的挫折使他一蹶不振。他离开了东京，回到家乡，在面包房找了一份工作。就在他决心切断与电影的关联时，他在校期间拍摄的8毫米作品《三月》在日本匹亚电影节（PFF）获奖，命运又把他推回影坛，让他又重新站到了摄影机前。《深夜食堂》里面对人物细腻的刻画有他在面包店里的影子。

同样是关于吃，从拍《舌尖上的中国1》开始，总导演陈晓卿就没打算在“八大菜系”里纠缠，他的目的很明确，“人情比美食更有嚼头”。陈晓卿说，从单纯追求收视率的角度，那就是展现吃，“如果没有美食之外的那些承载，我可以信心满满地说，这个片子特别好看、特别好吃、特别刺激，但这点《舌尖上的中国1》已经做到了，《舌尖上的中国2》总得往前再走一步”。[①] 拍了20多年纪录片，给陈晓卿带来巨

① 吴晓东，《陈晓卿：直到现在，我还没发现自己不喜欢吃的东西》，《中国青年报》，2014年5月15日。

大荣耀的却是一部美食商业纪录片。可对他来说，《舌尖》不过是个盆景，远不是他向往的那片森林。

图书《一个人到世界尽头》封面：没有电视，没有网络，他每天有24小时要过，自己一个人过。

随着吃遍美食然后晒幸福变为世人的日常行为，文案就成了珍馐美味上到别人桌子上时的那腾腾热气，带着香甜和诱惑，袅袅腾起却又很快散去，是人们欲望的表达和传递。你闻到它，瞬间自己先饿了。在想要向着大师模式进阶的路上，请也时刻保持着这样的饥饿感，一是因为从生物角度来说，饱食能诱发人脑内分泌一种叫作纤维芽细胞生长因子的物质，这种因子被证实是促使脑动脉硬化的元凶。脑动脉硬化后，供给大脑的氧和营养物质就会减少，使人记忆力下降，甚至发生脑组织萎缩，引起老年痴呆。我们可不想在晋级成功之前先有阿兹海默症，对吧？

但更重要的是，除了生理上的半饱之外，要时刻保持对于未知世界的饥饿感，时刻想要知道那些不熟悉的领域、未曾去过的地方的样子，时刻保有对人类内心世界和他们的想象空间的无限挖掘的饥饿感。假如偷窥是合法的，窃听是安全的，假如对于这些隐秘而黑色的信息的饥饿感是能够被时刻填饱的，那么我们愿意为之变成一个胖子。然而这些事情都不会轻易“上桌”，于是在成为大师之前，在向大师致敬之前，请一定保持饥饿的状态，任何能够消化咀嚼的文案碎片都不要放过，任何煮熟的创意都请吸收。

电影导演詹姆斯·卡梅隆于1954年8月16日出生在加拿大安大略省的一个中产阶级家庭，年少时衣食无忧。1971年，他在加利福尼亚州立大学主修物理，和多数后来成名的人一样，他也大学中途辍学，做过包括给别人开卡车等多种工作。1977年，卡梅隆看到了乔治·卢卡斯导演的科幻影片《星球大战》，开始意识到自己想要做电影导演，拍摄这样的电影，于是他辞去了卡车司机的工作。

1981年在意大利拍摄《食人鱼2》，卡梅隆和一口意大利语的工作人员相处得并不愉快，而拍摄完毕后制片方出于对他的轻视，不让他参与影片的最终剪辑。狮子座的卡梅隆一气之下，学会了如何使用意大利的剪辑机，他按照自己的想法用了几个星期的时间剪辑完了整部片子。

而马尔克斯则是受卡夫卡文学作品的极度震撼之后才决定开始写作的，他说：“我开始阅读《变形记》。第一行就几乎把我从床上震下来……我跟自己讲，原来可以这样写东西。如果早知道，很早之前我就开始写作了。因此我马上开始写短篇小说。”《变形记》里萨姆沙变为一只甲壳虫的故事对于马尔克斯成为一名魔幻现实主义作家的影响显而易见。①

但是正如王尔德所说的那样，“做自己，因为别人都有人做了”。哪怕做自己做得无比辛苦，哪怕要时时刻刻保持饥饿的自虐状态，也还是要做自己。

《绝命毒师》里的老白瓦特·怀特（Walter White），是一位高中化学老师，有着超凡的化学天分。他被诊断出患有晚期肺癌，因此投向犯罪以赚取金钱支撑家庭。他绝对算是通过“自虐”走向未来的典型，显然他除了用自己扎实稳健的化学知识制毒以“自虐”之外，并没有什么其他选择。生活已经将他“饿”得前胸贴后背。《绝命毒师》编剧文斯·吉里根在分享塑造人物和虚构故事的方法时提到，一开始的时候自己并没有意识到老白的骄傲和失落程度，每一天都和观众一样处在一个深入认识角色的过程中。② 吉利根作为一个电视编剧，是一个喜欢看《海绵宝宝》的南方绅士，南方绵延不绝的红土壤，潮湿温润的气候，使得人们的肉体打了个饱嗝。但是吉利根说：“我并不像看起来那么友善。我看过人世中很阴暗的一面，随着年龄增长，愈发了解人情冷暖，世态炎凉。我多么希望自己不焦虑也不多疑，但我做不到。年纪越大，就越紧张，也越焦虑。更可悲的是，虽然我不愿承认，但我内心深处更

---

① 〔英〕于尔根·沃尔夫著，史凤晓、刁克利译，《创意写作大师课》，中国人民大学出版社，2013 年版。

② 《〈绝命毒师〉编剧文斯·吉里根分享写故事的 3 个小贴士》，《作家之路》杂志社，2013 年。

电视剧《绝命毒师》海报：Change the Equation（改变化学方程式）。不仅要改变化学方程式，人生的化学方程式也要不断改变。

像沃尔特·怀特，因为别人也都觉得如果我是一个很善良的人，我不可能写出沃尔特·怀特这样的坏人。然而我们都戴着面具，就像沃尔特·怀特一样。”① 肚子饱了，焦虑的灵魂却饥饿着。在文案的世界里，你要做个老实、蔫头耷脑的坏人，喂饱邪恶的小灵魂。

与北京吉普分道扬镳之后，Jeep 为它的进口全新大切诺基做的广告语是：用你的经历，定义自己。在广告片中，不好好坐在办公室和豪宅里，反而要去登山“自虐”的王石说：正是那些攀登高山后留下的脚

① 翻译整理自滚石网信息。

印——人生经历——而不是名字，定义了自己。作为重新出现的吉普车，如何能够刷新在人们心中固有的大切诺基形象，Jeep 给出了这样的答案：不是所有的吉普都叫 Jeep。而在另一个进口全新大切诺基广告中，Jeep 又给出了新的命题：领略人生宽度。也许最重要的旅程是看到了用眼睛看不到的风景。

用自己的经历，构筑文案盛宴。保持饥饿，是场旷日持久的自虐哑剧。文案就是这场戏的表演，所有人都是演员兼观众。就像是化学方程式一样，you are what you eat（你吃的是什么，你就将成为什么），你饿了多久，吃了多少东西，最后你分泌出来的文案就会多么与众不同。

不过切记，隔夜发馊的饭菜还是趁早倒掉为好。

阴影无害

“我亲爱的朋友，我们都有不愿公开的过往。”

——格兰瑟姆伯爵①

如果说到“童年阴影”，大概没有人能比哈利·波特更有发言权。

在整整七部、前后跨越了十余年的成长故事里，从那个阴郁的星期二开始，哈利脑海中时常浮现的“一道刺眼的绿光”就贯穿始终，它使哈利成为唯一一个逃脱阿瓦达索命咒的巫师，它将他与伏地魔联系在一起，使哈利有了额头上那道著名的闪电形伤疤，也因此永远成为孤儿。在很多很多的场景里，他不自觉或者被迫想起这道他还在襁褓之中时就影响他一生的“绿光”。

这道绿光是哈利童年里最重要的事情。当它被写成小说，拍成电影，就成为全世界“90后”童年中重要的组成部分。

那么在你的过往生活里，有没有这样的重要事情发生呢？是否也有过“一道绿光”？如果有，完全可以把它作为文案的起点。

正如小说家菲茨杰拉德说，一个作家可以描述他30岁、40岁和50岁之后的经历，但是他对这些经历的权衡和评判标准早在25岁的时候

① 〔英〕杰西卡·费罗斯著，鲁南译，《唐顿庄园》，人民文学出版社，2013年版。

Let the magic begin（让魔法开始）。

就已经确定，再难更改。实际上，菲茨杰拉德的许多作品都来源于自己的青年时期以及之后的生活故事：

我总是这样——富裕城镇上的贫穷男孩，富贵男校里的贫穷男孩，普林斯顿富人俱乐部里的贫穷男孩……但是，我从来无法原谅富人的富裕，这一点丰富了我全部的生活和作品。①

盖茨比几乎就是菲茨杰拉德的写照。《了不起的盖茨比》的故事使你很难不联想到作家菲茨杰拉德与妻子泽尔达的真实经历。两人初次相

① 〔英〕于尔根·沃尔夫著，史凤晓、刁克利译，《创意写作大师课》，中国人民大学出版社，2013 年版。

遇之时，泽尔达是富家小姐，菲茨杰拉德正如盖茨比一样也是个无名小军官。直到《天堂这边》成了畅销小说大获成功，泽尔达才答应了菲茨杰拉德的求婚。他们成了社交圈里最登对的一双璧人，葡萄美酒夜光杯，从纽约到巴黎，笙歌达旦。

菲茨杰拉德：所有的神明都已经统统死光，所有的仗都已经统统打完，所有的信念都已经统统完蛋。

菲茨杰拉德对于最绚丽纵情的爵士时代，既身处其中，又置身事外，是泽尔达的疯狂毁掉了他。他对人生的千变万化既感到陶醉，又感到厌恶，他写出了最繁盛的时代但也有笔带悲凉的温柔。①

2013 年，澳大利亚导演巴兹·鲁赫曼对这个全美中学生都熟悉的故事再一次发起了改编电影的冲击，这一次，巴兹·鲁赫曼依旧邀请了他长期搭档的编剧克雷格·皮尔斯，他俩曾共同创作过《舞国英雄》、《红磨坊》、《罗密欧与朱丽叶》等几部鲁赫曼最重要的作品。只是这一

① 潘萌，《关于盖茨比的一切》，《环球银幕》，2013 年第 9 期。

《了不起的盖茨比》图书封面文案：从鼓乐喧天到家破人亡，“美国梦”神话的幻灭之痛。

巴兹·鲁赫曼：你不需要等到别人允许时才开始讲故事。

次，海对岸戴西家门前的绿光并没有成功让观众理解盖茨比到底哪里了不起，却只是旁观了一场过于喧嚣的梦之悲剧。

图书《了不起的盖茨比》

不论前后4部电影对于《了不起的盖茨比》的改编是否成功（实际上成功改编是很难做到的，如罗琳自己就是每一部《哈利·波特》系列电影的编剧，也很难实现成功的改编），自诩为“上帝之子”的盖茨比，始终坚信自己命里有非凡的安排。当他第一次吻上黄金女郎戴西的唇，生命中所有与美好相关的想象都凝结成了最具体的象征。[①] 只要明天跑得更快一点，把胳膊伸得更远一点，总有一天，总有一天可以触碰到彼岸那盏荧荧绿光，将童年里的阴影彻底照亮。

作家狄更斯在《大卫·科波菲尔》里就以他的童年经历为素材塑造了大卫的形象：大卫·科波菲尔尚未出世时，父亲就去世了，他在母亲及女仆的照管下长大。不久，母亲改嫁，继父摩德斯东凶狠贪婪，他把大卫看作累赘，婚前就把大卫送到了他乳母的哥哥佩葛蒂先生家里。母亲去世后，继父立即把不足 10 岁的大卫送去当洗刷酒瓶的童工，大卫从此过上了不能温饱的生活。

这与狄更斯的童年十分相似。父亲因为欠债入狱，从此结束了他一度快乐的童年生活。狄更斯寄宿在别人家，每天工作 10 个小时，通过往鞋油盒上贴标签，以此支付寄宿费用、补贴家用。

但是故事的最后，大卫终于成了一名作家，当他 3 年后返回英国时，才发觉艾妮斯一直爱着他。两人最终走到了一起，与姨婆贝西、佩葛蒂愉快地生活。大卫还是拥有了属于自己的 Happy Ending（美满结局）。

尽管是写自己的故事，回忆过去也是一件艰难的工程。狄更斯的传记作家迈克尔斯莱特写到：6 月 21 日，狄更斯觉得自己需要一次特别长的乡间漫步，他要走 14 英里，在行走的过程中开始构思他后来称为“非常复杂的真实与虚构交织的”作品《大卫·科波菲尔》。[②]

---

① 潘萌，《关于盖茨比的一切》，《环球银幕》，2013 年 09 期。

② 〔英〕于尔根·沃尔夫著，史凤晓、刁克利译，《创意写作大师课》，中国人民大学出版社，2013 年版。

村上春树：不要同情自己，同情自己是卑劣懦夫干的勾当。

一段不完整的会议，或者是一段模糊的回忆，最能够激发人的想象、虚构、塑造和创作能力。记忆里缺失的部分，就是想象力登场亮相的信号灯。村上春树说，当我回想到 15 岁的时候，我打开某个抽屉就能看到自己在神户的少年时光。我可以闻到那时空气中的味道，可以触到那时脚下的土地，可以看到那时苍翠的树林。[①]《挪威的森林》书中主角“我”和当时的村上春树同龄，《挪威的森林》很大程度上是村上春树的青春回忆录。

《挪威的森林》开篇第一句是“我 37 岁，当时正坐在波音 747 的机舱座位上”，小说一开始就点出年龄。飞机上正播放甲壳虫乐队的《挪威的

① 〔英〕于尔根·沃尔夫著，史凤晓、刁克利译，《创意写作大师课》，中国人民大学出版社，2013 年版。

森林》，让小说主角想起 18 年前的自己——19 岁，刚刚上大学。村上春树的小说确实也反映出他所成长的时代背景。20 世纪 60 年代到 70 年代，这是一个激烈剧变的年代，越战爆发，嬉皮风潮正盛，甲壳虫乐队的音乐流行全球，书中主角感性、青涩，刚高中毕业来到东京上大学，就碰巧遇上学生运动的政治季节，从上课、逃学、约会到打工，一边躲进音乐世界，一边面对现实生活的种种。① 自己在变，女朋友在变，周遭环境也在变，如何顺应下去？成长的挫折与苦涩，痛苦与挣扎，赤裸裸地被描写出来。

2010年同名电影《挪威的森林》上映，村上春树亲自担任编剧。

---

① 赖明珠，《村上春树〈挪威的森林〉的秘密》，台湾《联合文学》杂志。

一首哀伤的恋曲，一种优雅的饶舌，一种有节制的故弄玄虚。青春总是与秘密、与不愿回首的过往紧密结合在一起。《越狱》、《绝望主妇》、《绯闻女孩》等一系列美剧都是以“秘密”立论，似乎人物只有背负了不可告人的秘密，故事才能继续下去。《唐顿庄园》里面的大小姐玛丽更是带着令她寝食难安的秘密，面对即将发生巨变的生活。

《唐顿庄园》的编剧朱利安·费罗斯，在他继承自己父亲的男爵头衔、成为圣詹姆斯俱乐部的常客之前的30年里，都徘徊在演艺行业的阴影里。演过牧师、上校、乡村医生，运气好的时候也在伦敦西区的剧场里演戏——他知道自己滑稽小老头的长相，也就只能演这种角色。[①]从剑桥大学毕业，并没有给他的戏剧生涯带来什么好运气。

朱利安·费罗斯的职业生涯与他的剧作互相映衬，显得格外讽刺。尽管他擅长讲述达官显贵们的华美生活，但他自己大半辈子都处于“较高阶层的较低层次”里。他常常回忆起自己住在出租屋里的日子，“墙壁都透着潮气”。[②]但是他显然从未忘记在大庄园里住的日子，在《唐顿庄园》一书的序言中，他说：“我一直很喜欢乡间宅邸……此情此景，似在倾诉昔日繁华而如今只剩鬼影零星。那些能听到回声的马厩里堆满了被丢弃的玩具和锈迹斑斑的园艺工具，那些空阔的厨房里塞满了无人问津的行李箱、坏掉的自行车和村子里举办宴会时使用的标识，在儿时的我看来，过去就像一道阴影，萦绕其间，挥之不去。”

费罗斯最初的12个剧本全部被拒。他挣扎着还在演情景喜剧，直到20世纪90年代末，才等来了自己人生的转机。好莱坞导演罗伯特·阿尔特曼找到费罗斯，说想要拍一部英国上流社会的戏。费罗斯简单说了自己

① 地板君，《戏里戏外的‘势利小人’：朱利安·费罗斯》，豆瓣网。

② 同上

《唐顿庄园》导演费罗斯

的想法，“故事设定在一个20世纪30年代的乡村庄园，一群贵族之间发生了一起谋杀案。”之后为费罗斯赢得奥斯卡的，就是《高斯福庄园》。

正如《纸牌屋》里所说：没有秘密，我们就不是自己。道理很简单，自从上帝说要有光开始，世界开始有了第一日，也自此有了阴影。又因为光的直线传播导致的阴面和影子，它们正是一个事物存在的印证。

每个活生生的人都有阴影。将阴影融入骨血，融进文案之中，就是优秀文案的培养皿，这之中的阴影就仿佛是那些干净无害的病毒，其实你早已经对它有了免疫力，只静静等待它们快速分裂繁殖，变成可用的文案，呈现给世人。

电影《高斯福庄园》台词文案：我们都有东西要隐瞒。片中写有poison（毒药）的瓶子多

将它们——阴影，写出来，写成文案，亦可以看作是一种“精神疗法”。《全球一流文案——32位世界顶尖广告人的创意之道》中犀利地指出：文案写作大概是唯一能让你凭借人格缺陷过上舒适生活的合法人类活动了。这些缺陷包括但不限于傲慢、暴怒、贪食、贪婪、色欲、嫉妒、懒惰、恐惧。它们全都很有用，视场合而定。普利策奖获得者，曾以《苏菲的选择》一书享誉世界的美国小说家威廉·斯泰伦也曾说：任何时代的伟大作品都是某个人神经衰弱的产物……对于一直处于恐惧状态的人来说，写作是一剂良方。

与《苏菲的选择》同样记录大屠杀的《安妮的日记》无疑是作者安妮·弗兰克遇难前两年藏身密室时的生活和情感的记载，也是德军占领下的人民苦难生活的目击报道，13岁的犹太女孩安妮对盖世太保的恐惧、对躲藏生活的绝望和对世界天真的幻想，一点一滴地汇集成一幅真实而悲惨的历史画卷，每当与她幻想中的朋友“吉蒂”对话，她便能暂时从与母亲的对抗和对未来的恐惧中解脱出来。

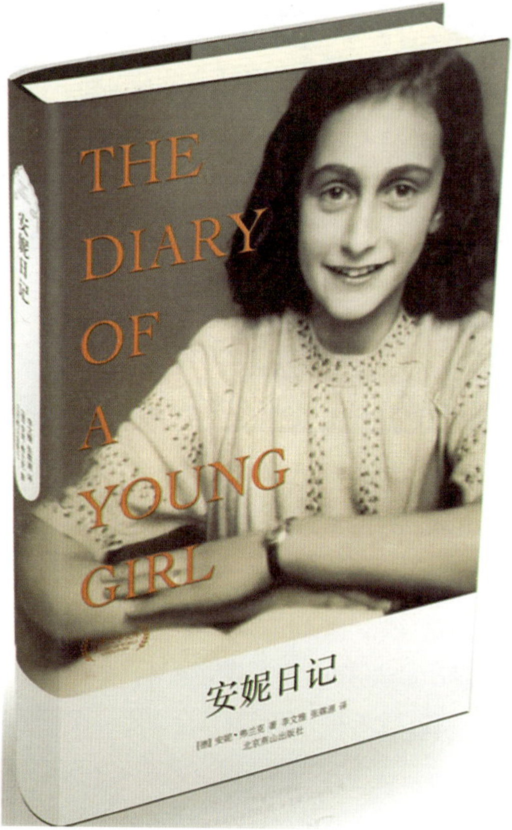

《安妮日记》——一部有关战争、父爱、爱情的少女沉思录。

1942年10月9日，我们的许多犹太朋友成群地被带走，用运送牲畜的卡车把他们运送到威斯特伯克集中营，我们相信他们中的大部分将会被杀害……①

① 〔德〕安妮·弗兰克（A. Frank）著，李文雅、张霖源译，《安妮日记》，北京燕山出版社，2011年版。

这个阴影，可以是那道对于往昔回忆的“绿光”照射而成，它不仅能够穿透血与肉带来闪电形的伤疤，更能够穿过时间与空间，成为虚构和非虚构的故事，长与短的诗歌，严肃或戏谑的影视台词、简介和繁复的广告文案，诸如此类。

《出版人》

对《出版人》的赞誉：布林克利具有写作传记的天赋，他能使已经被历史模糊和平面化的人物再次生动……卢斯对外界的不安全感，对权力人物的盲目靠近，以及对家庭的背叛，这本书都做了公正的描述，这是对真实人性的描述。他对卢斯创办的杂志，尤其是《时代周刊》和《生活》，在一个艰难的国家成长为世界政治版图中的主导性力量的过程中扮演的角色，进行了高度赞扬。——《纽约时报》

作为《时代周刊》、《财富》和《生活》杂志的创立者，出生于传教士家庭的亨利·卢斯在中国山东的农村度过了自己的童年和少年时代，在中国成长的经历使他日后从未能割断与中国的联系。《时代》杂志专门为蒋介石做了很多期封面。他的妻子也曾和宋美龄一起走访重庆。中国改变了卢斯看世界的角度，卢斯改变了人们消费新闻和理解世界的方式。

蒋介石和他的夫人宋美龄一起成为1938年《时代》周刊评选的“年度男性”和“年度女性”人物。

毫无疑问，克劳德·霍普金斯是现代广告文案的奠基人，是4A大咖们的导师。1927年，他撰写的自传《我的广告生涯》，是霍普金斯完整广告生涯的再现。从中我们可以看到一个终生勤奋努力的广告先驱是如何在一次又一次成功中积累经验的，而这每一条经验都开启了现今广告行业的原则。他无比自豪地指出在勤俭、谨慎、智慧、雄心勃勃而且活力充沛的苏格兰母亲的影响下，自己是如何从小就学会谨慎与节俭，“由于母亲的影响，一毛钱对我来说与一块钱一样重要……在她的教导和鼓励下，我很小就开始像她那样勤奋工作。我 9 岁的时候便开始独立谋生了……我自己从贫困中收获很多。贫困使我成为老百姓，而上帝造了这么多的老百姓。我天生就认识他们，了解他们的需求和愿望”。这些年少时经历的贫穷，在他为广告客户写文案时，形成了鲜明的映射。“我的用词浅显易懂，句子也很简短……但是成千上万住在陋室里的普通人会阅读它、购买它介绍的产品。”

图书《科学的广告&我的广告生涯》封面：如果不把这本书读上7遍，任何人都不能去做广告。霍普金斯改变了我的一生。

——大卫·奥格威

日本小说家、剧作家、记者、电影制作人、电影演员、文案界 4A 级别大咖三岛由纪夫深受其祖母影响。祖母永井夏出生于显赫的武士之家，在皇宫中度过了自己的少年时代。她的这段经历深深影响了三岛由纪夫日后的贵族情结。个性极强的祖母将复兴家道的希望放在了长孙身上，三岛在上中学之前一直是与执掌家族大权的祖母同住，因为过分的保护与管教，造成他贫弱的体质与孤僻甚至有点女性化的人格特质。祖母的熏陶使他有非常多的机会接触歌舞伎与能剧等艺文活动，再加上喜好西方文学的母亲之鼓励，使他得以打下在小说、舞台剧剧作方面的基础。

三岛是个具有七情六欲的凡人，但最后那一刀使他成了神。[1]

1955 年，时年 30 岁的三岛，感受到自己对于美的憧憬，开始上健身房运动，以期将自幼以来孱弱的身体改造得强健，让自己不再为肉体的自卑而感到困扰。此心态其实与他在这一年中潜心撰写的长篇名著《金阁寺》有所关联，因为该书的主角就是一个自惭于外表上的猥琐但又崇尚极致的美，导致内心扭曲与希望幻灭的少年，可以说作者在现实中的想法，完全是与他的创作内容互相呼应。

① 莫言，《三岛由纪夫猜想》，《联合时报》，2009 年 2 月。

《金阁寺》图书封面：人类容易毁灭的形象反而浮现出永生的幻想，而金阁坚固的美反而露出毁灭的可能性。

假如我们去搜索“阴影”，你会发现它在心理学上的意义。现代精神分析学的创始人、心理学家卡尔·荣格提出的原型理论的概念之一就是“阴影”，每个人的人格当中都有隐藏在潜意识当中的黑暗面，可以说它是每个人内心的另一个自己。阴影深藏于人的潜意识中，若不是用面具加以掩盖，人很难逃脱社会的批评指责。而有时阴影会成长为独立的人格，造成精神分裂症。

我们说一个人心里有阴影，是指个体因某种情境所引起的严重的焦虑情绪，由于采用某种非正常的方式宣泄，而在心灵中所留下的痕迹。①这样，当一个心里有阴影的人日后再次面对相同或者相似情境时，就可

① 来源于百度百科词条：阴影。

能因为无力面对此种焦虑而产生极度的心灵痛苦，甚至引发心理变态，导致心态的失衡。

1947 年 9 月 21 日，当代恐怖小说大师斯蒂芬·金出生于美国缅因州的波特兰，当金两岁大时，他的爸爸出门买香烟后便再也没有回来，丢下了金的妈妈，让她独立养育金和他的认养哥哥大卫，并留下一屁股债。他们四处搬家，在金 11 岁时，母亲带他们回到了缅因州的德罕，照顾她年老的双亲。当金的外祖父母去世之后，母亲在当地的洗衣店找了一些杂务差事，养活这一家人。①

斯蒂芬·金

当金还是小孩的时候，他目击了他的朋友被火车辗过并死亡的场景，尽管他本人说他对这件事一点儿印象也没有。他的家人告诉他，那

① 来源于百度百科词条：斯蒂芬·金。

天他回到家中时，完全不说话，似乎受到了惊吓，后来他的家人才得知他朋友的死讯。这件事或许激发了他心理上的黑暗面，影响了日后的创作。这件事也有可能激发了他收录在《四季奇谭》中的中篇小说《尸体》的灵感。

也许你已经记不清那些可怕的经历，但是我们都会做噩梦。斯蒂芬·金也曾从噩梦中寻找素材，他在谈及《危情十日》的创作来源时说："就像我的其他小说一样，这部小说的想法也是在梦中出现的。事实上，那时我正坐协和客机飞往布朗酒店。我在飞机上睡着了，梦见一个女人囚禁了一个作家，杀掉他之后，剥掉他的皮，把余下的身体都喂了猪，而且用这张人皮装帧了自己的小说……梦是我生活的另一个部分。对我来说，它就像你在街上看到可以用在小说里的素材一样，随手拿来放进去，刚刚好。"①

似乎只将噩梦写进小说还是不够，斯蒂芬·金作为一名编剧成功将《丽塔·海华丝及萧山克监狱的救赎》改编为20世纪百大电影之一。于是我们看到了入选"美国电影学会20世纪百大电影清单"的《肖申克的救赎》。

生活里除了阳光和健身，更多时候是平凡、无趣和阴影。当你难过、失恋、痛失你所爱的人，或者遭遇生活中其他不如意的时候，除了写作，你无处藏身。电影《出租车司机》的创作就是这种情况。它的编剧保罗·施拉德——也是电影《三岛由纪夫传》的导演——曾说："我那时婚姻破裂、负债累累、无立身之所，而且已经丢掉了在美国电影学院的工作……我把写剧本当作自我疗伤。我写了一个内心愤怒、有自杀倾向的出租车司

① 〔英〕于尔根·沃尔夫著，史凤晓、刁克利译，《创意写作大师课》，中国人民大学出版社，2013年版。

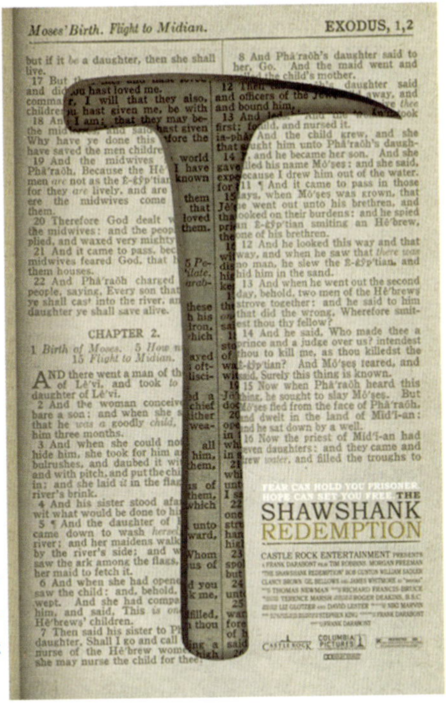

《肖申克的救赎》电影海报：Fear can hold you prisoner，hope can set you free.（恐惧能把你囚禁，希望能给你自由。）

机。我需要艺术的力量……”①

就算是年少轻狂做过错事，人们也总希望能把这些不太美好的事情永远忘记。多数人不太愿意不断回忆“阴影”，不过在文案作品中，“阴影”会转个弯回来再次出现。2014 年暑期上映的电视剧《暴君》，大概讲的就是这么一个事儿。该剧是出自 FX 电视网的反恐战争剧，由李安担任制片，美剧反恐大神霍华德·高登作为主创，《哈利·波特》导演大卫·叶茨执导首播集，讲述了一个普通美国家庭被卷入中东国家

① 〔英〕于尔根·沃尔夫著，史凤晓，刁克利译，《创意写作大师课》，中国人民大学出版社，2013 年版。

暴乱的故事。故事以动荡的中东局势为背景，男主角是某中东国家统治者的儿子，在自我流放 20 年之后，他带着美国妻子和孩子回到了饱受战火折磨的祖国，一回来就被卷入危险的政治游戏，迫使他再次面对那个他年少时就已经抛弃的家庭。

电影《暴君》海报——现实是最出色的编剧。

阴影再次出现的时候，按照心理学上的说法人们会比较容易崩溃，生活就变得鲜血淋漓。从童年到成人，谁不曾被“伤害”过？这些伤疤，日后成为我们所谓的阅历。阅历像是王水（硝基盐酸），能够消解很多东西。文案高手用自己的阅历锻造利刃，使得文案就像验尸官的柳叶刀，一刀剖开已经腐烂变形的人体，看看所剩无几的肉身是否会轻 21 克灵魂的重量。有的人却能够手术刀和文案兼得，在无影灯下刀光剑影。

你不见得被永远治愈，但是永远要有所慰藉。曾经是协和医科大学临床学博士的冯唐最后走上了文案的舞台，在协和医院的 8 年里，冯唐集中见了生老病死，深刻认识到，人终有一死。他说：“这似乎是个废话，但是，很少人在盛年认识到这点，更少人能够基于这个认识构建自己的世界观、人生观和价值观。因为人是要死的，所以，一个人能支配的有效时间非常有限，所以，要非常珍惜，每一餐、每一天都不要轻易给无聊的人或事。”与其说很多人喜好冯唐的文字，不如说是冯唐填补了一些人在这个社会中的空虚，总体来看，这些人是那些对生活还有热情和追求，却碍于种种羁绊无法实现和逃脱的人。平时白领拐弯抹角地工作办事，让冯唐直来直去的文字显得更加纯粹；平时年轻人在水泥钢筋的城市丛林间夹缝生存，让冯唐对一座城市的爱和怜惜显得更加温柔。冯唐以他的方式，给了城市中的一群人他们最缺失，也最迫切需求的东西。

“谢谢小朋友们的祝福，谢谢你们知道我没有要怒放的生命，我的生命一直怒放。”

6月19日 13:30 来自iPhone客户端 | 举报　　赞(392) | 转发(303) | 收藏 | 评论(130)

冯唐转发粉丝微博，图片中可口可乐瓶广告语为“春风十里不如你”（“春水初生，春林初盛，春风十里，不如你”出自冯唐《三十六大》之二十四《大喜》里的“其三十”）。

学医出身的文案高手，大抵是因为对人类的生老病死和久病床前无孝子的悲欢离合见得太多，对鲜血和尸体太熟悉而自然具有了不同于普通人的世界观。当这些自己或别人的“阴影”积累得足够多，就变成日后文案高手里“长三尺八，乃海底寒铁所铸、吹毛断发，曾染一百七十八位成名剑客之血”的利器。

毛姆：我们要容忍他人，如同容忍自己。

威廉·萨默赛特·毛姆，其父是律师，当时在英国驻法使馆供职。毛姆不满10岁时，父母就先后去世，他被送回英国由伯父抚养。毛姆就读坎特伯雷皇家公学之后，由于身材矮小，且严重口吃，经常受到大孩子的欺凌和折磨，有时还遭到学究的无端羞辱。孤寂凄清的童年生活，在他稚嫩的心灵上投下了痛苦的阴影，养成他孤僻、敏感、内向的性格。幼年的经历对他的世界观和文学创作产生了深刻的影响。①

1892年初，毛姆去德国海德堡大学学习了一年。在那儿，他接触到

① 来源于百度百科词条：毛姆。

德国哲学史家昆诺·费希尔的哲学思想和以易卜生为代表的新戏剧潮流。同年返回英国后，他在伦敦一家会计师事务所当了6个星期的练习生，随后即进伦敦圣托马斯医学院学医。为期5年的习医生涯，不仅使他有机会了解到底层人民的生活状况，而且使他学会用解剖刀一样冷峻、犀利的目光来剖视人生和社会。他的第一部小说《兰贝斯的丽莎》，就是根据他作为见习医生在贫民区为产妇接生时的见闻写成的。

当然也有医生出身的文案高手会将医学专业知识作为文案内容，以各种各样的细节呈现出来。这个时候，曾经开膛破肚的经历就不再是阴影，无影灯下的战栗也不再存在。

余华：作为一个词语，“活着”在我们中国的语境里充满了力量，它的力量不是来自于喊叫，也不是来自于进攻，而是忍受，去忍受生命赋予我们的责任，去忍受现实给予我们的幸福和苦难、无聊和平庸。

从小在医院长大的余华，曾经是一名牙医。医院的消毒水气味在他的童年回忆中难以消散，少年余华见到父母用酒精擦手再下班，亦步亦

趋模仿，也学会了用酒精擦手。95% 的酒精消毒液，一如他作品之中含有的绝望、冰冷和残酷。在接受记者吴虹飞采访的时候，在被问到是否因为受到父亲做外科手术影响导致作品中充满着鲜血和死亡的时候，余华回答自己已经完全看惯了血淋淋的东西，腐朽与死亡，病态与新生，这些别人眼中的阴影，却是他的光芒。

“福尔摩斯”之父阿瑟·柯南道尔自幼喜欢文学，9 岁时就被送入耶稣预备学校学习。当他在 1875 年离开学校时，道尔已经对天主教产生厌恶情绪，成为一名不可知论者。1876 年至 1881 年间他在爱丁堡大学学习医学，毕业后作为一名随船医生前往西非海岸，1882 年回国后在朴次茅斯行医。不过他行医并不太顺利，在此期间道尔开始写作。① 行医 10 余年，收入仅能维持生活，这与“华生”的职业和生活颇为类似。在《福尔摩斯》系列小说中，对于案发现场细致入微的描述，尤其是第一个故事《血字的研究》中，对于“凶手”——一个肿瘤患者的详细描述显示出了他作为医生的专业水平。然而有趣的是，“福尔摩斯”代表的“无神论”和“崇尚科学”信念，在道尔的晚年已经逐渐消失，取而代之的是道尔开始相信唯灵论，这多么讽刺地说明了在童年时烙下的痕迹是不会轻易消退的。

“阴影”是否有害，完全是个因人而异的命题。对于文案人来说，“阴影”就是最好的素材，随手可采撷。别人的“阴影”拿来用，兴许还有考据的困难，自己的“阴影”被照射出来，却是清晰可见，触手可及的，假如从这个角度看，“阴影”绝对无公害，无污染，非转基因，可食用。

---

① 来源于百度百科词条：阿·柯南道尔。

键盘没了，人还在

文案写手（copywriter），就是坐在键盘后面的销售人员。

——罗伯特·布莱，《文案创作完全手册》[①]

新时代的打字机上面不再是纸张，而是平板电脑。

2007 年英国电影《赎罪》在咔咔的打字机敲击声中开场，讲述了终其一生写一个故事来实现自我救赎的悲剧故事。尽管这部电影没有得到好莱坞的热情欢迎，却被英伦三岛给予了高度评价。电影改编自英国作家伊恩·麦克尤恩的同名小说，他本人也在电影中兼任编剧。麦克尤恩在成为一名小说家和编剧的路上，却鲜少有打字

---

① 〔美〕罗伯特·布莱著，刘怡女、袁婧译，《文案创作完全手册》，北京联合出版公司，2014 年版。

机的陪伴，甚至连书本纸笔对他都是稀有物资。

麦克尤恩的短篇小说犹如锋利的刀片，阅读它们的过程就像是抚摸刀刃的过程，而且是用神经和情感去抚摸，然后发现自己的神经和情感上都留下了永久的划痕。[①]

麦克尤恩出生在伦敦西南的一个小城里，父亲是低等海军，母亲则是收入微薄的劳工阶级，麦克尤恩从小跟随父母驻扎在利比亚，伴随着父亲暴力的是母亲常年的忧心忡忡。麦克尤恩自己也曾调侃过自己的文学禀赋是来源于母亲——“担忧的想象力”。他幼年时期家里甚至找不到一本书，更没有儿童读物。出身卑微的母亲对语言和词语的使用也谨小慎微，这种态度给了麦克尤恩很大影响，让他养成了锤炼字句的习惯。不幸的是，由于幼年辗转于海外的七所学校，他的语法相当糟糕。

① 余华，《伊恩·麦克尤恩后遗症》，《最初的爱情，最后的仪式》序，南京大学出版社，2010 年版。

尽管年仅 11 岁就被父母送到寄宿学校读书，但孤寂的青春期里却总算是有书可看，在阿加莎·克里斯蒂等人的影响下他爱上写小说。他也曾经寄希望于剑桥大学的奖学金，却因为从没有读过《麦克白》而仓皇离开。然而，麦克尤恩始终没有放弃，在从一所平民子弟的大学毕业之后又通过了“创造性写作课程”，获得文学创作硕士学位。麦克尤恩的文案历程终于初见光明。

我们有理由相信麦克尤恩一定是通过打字机完成了他的毕业作品。

但是打字机抑或是键盘并不是成为文案人的必备武器。今天，触摸式的平板电脑已经成为新一代的玩具，手上的“小黑镜”也平滑无比。和所有伴随人类历史演进的工具一样，键盘正在和我们完成一次又一次的告别。当我们在文案世界里纵横沙场时，键盘是我们的利器，只有坚持写，坚持在键盘上完成一次又一次的敲击，在纸板上写写画画最后又撕去，遵从“丛林的法则”，最终我们才能一招毙命，在适者生存的文案丛林里活下来。

亚马孙雨林只占地球面积的 2%，却是世界一半多物种的家园。这条世界上流域面积最大的河流是地球上最后的净土。同时，“亚马逊”也是世界上最著名的网上书店的名字，它在过去 20 年的时间里在文案世界里掀起了一场腥风血雨。人们不需要支付“建议售价”就能获得图书，甚至，人们只需要有个 kindle（亚马孙公司设计和销售的电子阅读器）就可以随身携带图书馆。于是纸质图书的消亡似乎是抬眼可见的事情，于是编辑似乎成为一门正在消逝的艺术。

当手机阅读、网络阅读席卷越来越多的读者和市场时，编辑该清楚，这是一场介质的革命，而非内容的死去。

——阿历克谢·克拉克

传统出版的价值是通过编辑工作让书享有一份荣誉。但今天，速度和经济上的考虑已先于细心和质量，手持红笔、仔细审读的编辑形象正让位于更注重市场和营销的企业家形象。冗长又醉意浓浓的午餐和烟雾缭绕的聚会现在已经成为出版业的过去，同时正在成为过去的还有对书稿的严格的逐行编辑工作，这是销售和营销换来的代价吗？

尽管在“协助作者修改”与“过度编辑”之间总是界限不清，但图书编辑对写作与出版来说至关重要。“成书时，作者必定会得到荣誉。但如果没有了编辑工作，正如现在的情况，那将没有哪本书值得享有这份荣誉了。”① 随处可见的文字错误，不合适的对白，甚至历史时间上的错误都成为当下的文案鲜少有经典作品出现的土壤之一，文案丛林里看似喧嚣，真正的丛林之王却身影难觅。

图书文案编辑加工的过程，大多时候是编辑依靠个人的智力、责任心、细心和耐心完成的，做的是默默无闻的工作。当下，国内图书文案质量的下滑，表面看来，或是制度的落实不严，或是编辑的责任心不强，或是出书太多导致编辑加工的时间不够，但究其实质，是不尊重作者的表现，更是对读者最大的不负责任。70 多年前，大文豪鲁迅先生在替人校稿时表现出了“一个黑字就是他的一滴血”的精神，这为今天的文案者上了生动的一课。

与今天因为媒体的迅速变化之下纸媒的生活日趋多艰不同，在报纸初入人类视线的时候，办报或是出版的艰难在于时局动乱。然而即便是在各种洪水猛兽接连来袭的生存状况里，这些报人和出版人也紧握手中的利器，在适者生存的文案丛林中存留下来。

---

① 吴波主编，《编辑是一门正在消失的艺术》，金城出版社，2013 年版。

《三联生活周刊》的前身为20世纪20年代创办的《生活周刊》，1995年由读书·新知·生活三联书店在继承传统的基础上于北京复刊。

在严苛的家庭私塾教育之下，邹韬奋打下了良好的传统文化基础，这对于他日后从事出版工作大有裨益。在南洋公学读书的日子里，邹韬奋意识到了自己对于文学的喜爱，那时候他已经可以翻译英文著作，开始与父亲期望的工程师道路越来越远。千辛万苦从圣约翰大学毕业之后的邹韬奋毛遂自荐到黄炎培门下负责编辑杂志和出版丛书。而接手《生活》之后，因为人手不够，邹韬奋几乎是一个人唱“独角戏”，尽管如此，他对读者的重视也是前无古人的。1932 年，当《生活》每天收到上千封的读者来信时，他都还要亲自过目每一封回信，觉得不合适还要重新修改。生活书店成立之后，他不仅注重与读者的关系，也与作者建立了长久的合作，通过换一个笔名或者换一个题目，想方设法出版了鲁迅和瞿秋白的作品，即便身陷囹圄仍然坚持写了 30 多万字。

18 年中，他办的刊物每被查封一次，就又换一个名称重新战斗，常常为了能够让文章通过审查而爬到重庆南岸的真武山上，与“审查老爷”当面交锋。不到 50 岁，邹韬奋已前后写了 800 多万字。在游历欧洲的游船上，他在写文案；在苏州的看守所里，他在写文案；即使有客人来访，他还是匆匆打个招呼就接着去写作。①

而今天的编辑们——一位自由职业编辑表示：“大的出版公司过去都有专门的文字编辑和校对部门。现在只有一个出版人和一个编辑在做所有出版的业务。”现在有些编辑更愿意收到差不多不用改动就能出版的书稿。有很好畅销纪录的文案人现在变得更加强势，而他们的编辑更加弱势。“无论是文学奖项获得者还是大众图书的畅销书作者，很容易想象这些有着很大销售影响力的作者会认为他们的作品可以免于编辑的小修小补。”②

但事实并非如此。文案丛林里，从来没有一蹴而就的好作品。

印刷机轰轰作响，每天清晨带着油墨味道的报纸被摆上报刊亭迎接文案丛林里的新一轮日出。与亚马孙雨林每 10 分钟就能够发现一个新的物种相似的是，自从“小清新一族”从丛林深处走进大众视野里，许多看起来轻松有趣的内容也成为文案帝国的新宠。但不论是对于《花花果果枝枝蔓蔓》还是《虫》，都是要先在丛林之中生活下来才能有心情观察的事情。邹韬奋在十几岁上中学的时候就发现自己对于文学的热爱，萧红在离家出走之时并不知道自己是不是能够成为作家。那么我们能做什么？在“文案”和“段子”的边界日益模糊不清的时候，我们能做什么？

也许是继续向前奔跑。就像我们的祖先那样，在非洲大草原上不停

① 鲍丹禾著，《舆论领袖——民国报人出版人小传》，中央广播电视大学出版社，2013 年版。

② 吴波主编，《编辑是一门正在消失的艺术》，金城出版社，2013 年版。

地奔跑以期将猎物的耐力耗尽，不管手里是不是有长矛，都一直寻着踪迹跑下去，最终获胜。人类就是靠着这样的耐力从非洲草原走到了今天的世界。

电影《罗拉快跑》海报：Every day every second you make a decision that can change your life.（每一天每一秒，你都做着改变命动的决定。）

《罗拉快跑》不仅一夜之间名扬天下，也实际代表着一个新的电影时代的开始。电影编剧兼导演汤姆·提克威尔也是年少成名的代表，13 岁正式进入电影界，1993 年，处女作《一脸死相的玛丽亚》就获得德国电影评论协会的最佳电影奖、巴伐利亚电影节最佳新人导演奖。在《罗拉快跑》中，少女罗拉不停地奔跑，如果我们仔细比较片中的 3 种情况，就会发现罗拉遇到的这些偶发事件与罗拉的选择产生了混合连锁效应，最终影响了结局。就像是文案创作中不断遇到的各种选择，只有在键盘上继续奔跑才能有机会看到结果。

又或者像是天上突然掉馅饼一样，如获至宝的同时也要玩命往前跑。

艺校毕业的宁浩被分配到山西话剧团，干了几个月觉得那是个温水煮青蛙的环境，无论如何都要跳出去，于是跟单位请了假来北京考大学。宁浩自己在《混大成人》里面说："这个举动好像挺浪漫的，但也是因为我家庭条件好，没把我逼到特别现实的那个地步。如果家里贫困，我想我也不会走上这条路，可能就去做生意了。"在北京读书的时候宁浩就开始做导演，起初为了赚钱拍 MV。他也不喜欢看特别"虚"的，他看不下去琼瑶的、言情的那种东西。他说得有一个"根"在那儿，对于严格的创作者来说，没有思考的东西是不能拿出来的。《疯狂的石头》、《疯狂的赛车》让更多的人认识了他，片中主角们一路你争我夺，殊不知是人疯了还是石头疯了。对于宁浩来说，一直拍摄下去，不管电影能不能上映，什么时候上映，不管是否还使用胶片，keep walking（一直走下去）才是唯一的选择。

电影《黄金大劫案》海报

宁浩有时会在自己脖子上挂一条粗金项链，暗示自己原本可能的另一种人生，远离键盘和导筒的人生。

实际上，不管是奔跑，还是徒步，不管是赤手空拳，还是手持长枪，在文案丛林抑或是非虚构的世界里想要存活下来，都需要不断强大与进步的内心。建构一个文案世界容易，因为你很容易就能够想到在一栋建筑物里想要什么样子精致的装饰，但你却很难顺利搭建起一座能够感动人的房子。完整构建出一栋堪比高迪作品的文案大厦，除了持之以恒带来的经验，还有对于文案故事“内心线路”的把握技术。这样的内心线路，虽未必是穿越丛林最简洁的通路，却是能够顺利存活的“丛林法则”。

获得第80届奥斯卡最佳剧本奖项的《朱诺》用轻松、带着一点儿小荒诞的叙事模式讲述了一个“有多少不羁，就会有多少温柔”的故事：暗黑系少女朱诺，16岁，高中生，摇滚分子，怀孕两个月零四天。

电影《朱诺》海报：A comedy about growing up and the bumps along the way.（一部讲述成长和其中伴随的碰撞的喜剧。）

小制作电影《朱诺》之好，在于其平和。它的卓尔不群，恰恰来自它的温柔。

它温柔地决定让朱诺生下这个孩子，并不因为她是基督徒，而是因为一个同学曾告诉她“宝宝已经有手指甲了”。与许多戏剧冲突鲜明的剧本不同，电影中没有一个让朱诺的追求越来越难以实现的对手，也没有让朱诺的决定变得越来越难的复杂的情节，朱诺生下了她的孩子，并送给别人收养，电影中没有一个角色说“你不能这样做”。

但是这样一部电影又怎么会成功呢？电影一开始，朱诺还是个有点儿愤世嫉俗的姑娘，不太喜欢同别人接近，甚至那个让她怀孕的男生也只是像好朋友一般的存在。但是到了电影的结尾时刻，朱诺勇敢生下了孩子，并亲自选择了收养家庭，与父亲的关系更加亲近，重新认识了自己的继母，从一个冷漠的孩子成长为年轻人。重视“内心游戏”的输赢，而不是外部矛盾的嘈杂，是在文案沼泽中艰难前行的支点之一。[①]

diablo是西班牙语中“恶魔”的意思集天使和恶魔于一身。这不正是文案人的属性吗？

① 〔美〕Sandy Frank 著，李志坚译，《编剧的内心游戏——成功影片的故事形式》，人民邮电出版社，2014 年版。

《朱诺》的编剧迪亚波罗·科蒂是个比“朱诺”还要哥特系的姑娘，花臂的刺青和小烟熏妆，完全看不出她出生在芝加哥郊区一个欢乐和睦的中产阶级家庭。在做过几份文职工作后，这个从未“骑过摩托车、怀过孕以及往别人脸上倒过酒水”的23岁女孩决定报名参加当地脱衣舞场所的一次业余表演大赛。于是这短暂的“脱衣舞娘”生涯促使她彻底辞职专注写作，“我渐渐开始上瘾，它解放了我”，“过去的工作让我感到人生被低估了，渐渐我明白，我宁愿去做一些没有道理的事也不想就这样度过余下的人生”。她的作品——《朱诺》、《詹妮弗的肉体》和《脱线女王》不论是否成功，其中的女性角色都具有这样的特征——“再也不要这样度过余下人生”。

电影《脱线女王》海报：Everyone gets old, Not everyone grows up.（每个人都在长大，但并不是每个人都变得成熟。）

《脱线女王》的女主角也是个作家，尽管自己并不承认，但她就是一个标标准准的大龄剩女。她独居，没有朋友，吃垃圾食品，写垃圾小说，更可悲的是，她的小说卖得并不好。一方面，生活早已味同嚼蜡，她对她所处的这个社会和所谓的“他人事”不感兴趣，生活圈子不断缩小，小到只能在超市偷听别人的对话来润色自己的小说，小到自己最真实的一面只能展现给一部手机、一只狗和一台电脑。另一方面，她又是幼稚的，所有人都在长大、结婚、生子，只有她还流连于她的“皇后时代”不能自拔。当然，故事的最后，她还是把自己拔出来，只是“对于水星镇的人们，无论发生什么事情都无关紧要，因为他们一文不名”。我们的快乐再快乐，我们的痛苦再痛苦，这些都无关紧要，因为我们就是丛林里面的一员，一文不名。

受孕，然后养育下一代是地球上的物种繁衍生息的模式。而种群以什么样的模式生活和存在，则决定了它们是否能够继续生存下去。在人类社会中，金字塔式的社会结构曾长期存在，君主和王权的意义在文案世界中被反复描述。

电影《女王》的预算只有 1 500 万美元，却在全球收获了 1.2 亿美元的票房。整部电影围绕着戴妃去世后女王和民众对车祸的反应进行。在女王的外部环境看来，民众需要他们敬仰的女王对戴妃的死亡有所回应，而女王却是英国式的保守与内敛，这是女王的内部情感。在她的观念中，戴安娜与查尔斯王子离婚后就不属于王室成员，因此没有必要做出回应，也不应有皇室葬礼和降半旗。女王的内心世界和外部环境产生了极大冲突。

女王不能理解她所钟爱的人民为什么发生了变化，而我们作为观众则关注女王内心斗争的走向。她是否能够克服缺陷，从自小被培养的责任第一、个人第二的模式中走出来，表达自己的感情，成为一个情感丰

电影《女王》海报文案：Tradition prepared her，change will define her.（传统创造了她，变革则将定义她。）

富的人。[1] 女王必须从《倾国之恋》和《唐顿庄园》的时代中走出来，走到《纸牌屋》和《神探夏洛克》的时代里。角色进化成为更好的人，是剧本常用的手段。角色在开始的时候有这样或者那样的缺陷，在外部

---

① 〔美〕Sandy Frank 著，李志坚译，《编剧的内心游戏——成功影片的故事形式》，人民邮电出版社，2014 年版。

环境的逼迫之下，不得不遵从“丛林法则”——进化，克服自己的内在缺陷，发生内在的改变。同样的，写文案的人，也在漫漫文案征途上，不断进化。

“A copywriter is a salesperson behind a typewriter”（文案人员是站在打字机背后的销售员），这是多年以前一个叫朱迪斯·查尔斯的广告人在对专业的文案下定义时说的。尽管打字机成为古董，但他的观点却并没有过时。今时今日，我们所要销售的，不再单单是产品，还有观点、声音和文案人自己。

无论是因为自己的努力，还是上天的怜悯，从你开始知道自己要做文案的那一天起，就应该时刻做好战斗的准备，《金牌文案——学校不教的43堂文案课》里对于“到底做什么样的准备，才算是准备好了”的问题有这样的回答：一支笔，一张纸。

就算是在纸媒正受到极大冲击的年代里，作为一个文案人的一天，仍然要在自己的面前，准备一张纸和一支笔。在键盘当道的年代里，纸笔也许只是一个灵感的抓取工具，却是最踏实和最基本的武器。不论最后的文案创作是否有键盘的参与，一切都是从一只2B铅笔和一张A4纸开始。

永续的激情。在开始做文案的头几年里，你或许会感觉很新鲜，总能保持激情，但是时间会消磨人的热情。尤其在分工高度专业化的现代社会，单一的工作会使人很难产生成就感，怀疑自己工作的价值所在。保持新鲜感和热情，不断找到新的刺激点，是文案这份工作的重点，也是丛林法则要求下的必然产物，如果不能时时给自己打鸡血，很有可能就不能完成这局“Temple Run”（神庙逃亡）。

做个窃听者。在任何可以听的时候，去听人家在说什么。公车上，地铁里，酒吧中，做个偷听的人。人人皆有创意和警句，这个时候“一支笔”又会发挥作用。就像是《脱线女王》里女主偷听年轻恋人的谈话，然后把他们写到自己的小说里。

而“偷听”、“绯闻”则是任何时代里的重要社交内容。剧情遍撒狗血的《绯闻女孩》虽然已经成为明日黄花，但是它突出地向世人展示了学生之间利用手机搭建的社交网络有多么可怕：分分钟之内，所有人都能收到女主角回归纽约的消息。正像《女王》里女王对她的首相说：这个年代的人喜欢大惊小怪，喜欢公开表态，喜欢作秀，喜欢表演，就连女王，也要适应这个时代去演一场戏。你说这是进是退呢？

电影《社交网络》海报：You don't get to 500 million friends without making a few enemies.（没有背叛几人朋友，你是不可能得到5亿个朋友的。）

《社交网络》的编剧，大名鼎鼎的艾伦·索金说，Facebook 早期的故事囊括了艺术作品中恒久不变的主题：友谊、忠诚、嫉妒和背叛。在鲜明的时代感之下，它其实有着 19 世纪现实主义小说的影子。索金给这部电影奉献了异常凌厉的台词。词句与词句的短兵相接，往往比拳打脚踢的动作场面还要过瘾。在这样的节奏下，每一个人物似乎都被卷入难以阻挡的漩涡中，每一个人的道德和能力都一样接受别人的审视。如果扎克伯格是个混蛋，那么与他对簿公堂的人也都得为自己的平庸付出代价。让扎克伯格的故事变得引人入胜的不仅仅是那些争端，而是那些争端在 Facebook 编织的巨大社交网络的笼罩下形成的反讽意味。[①]

扎克伯格拥有 5 亿个“好友”，他最好的朋友却在起诉他——这部电影随处可见这样的黑色幽默。对于这样一个略显阴暗的故事，它甚至都有点过于好笑了。

艾伦·索金：挺身而出者才有机会做出改变，有没有键盘，是不是失败，都要接着写下去。

① Brook ln.，“A co-founder of our time”，豆瓣网。

艾伦·索金自身的故事也是带有阴影的黑色幽默。从雪城大学毕业的艾伦·索金不断变换着各种奇怪的工作：他做过酒吧仆役，也发过传单，做过轿车司机，也曾跟着名不见经传的儿童剧场到南部的阿拉巴马漫无目的地找活。直到有一天，索金在朋友家无意中发现了一台 IBM 打字机，随手敲打文字竟让他找到了“生命中从未感受到的妙不可言的信心和快感”，这个被家里哥哥姐姐嘲笑为“愚蠢至极”的索金，终于找到了自己人生的方向。

索金一直试图通过构建虚拟的人物和故事来映射自己的内心世界。他很清楚自己是一个有些分裂甚至有些招人嫌的编剧：他太强势，也太独断，总是禁止别人干涉自己担任编剧的电影，其他人只能做一些资料搜集工作，而一旦涉及“讲故事”，对不起，请你走开。索金作品中大段的独白和你来我往长达数分钟的快速对话，只能诞生于自我世界无比强大的人的内心深处。

索金写的《白宫风云》播放第一季时，就赢得了 9 座艾美奖，这是迄今为止单季获得艾美奖的最高纪录，此后它也一直是各种大奖的大热门。在签约新东家又喜得女儿的时候，索金因为携带毒品而被捕，不得不开始戒毒疗养。对于索金来说，吸毒和写作一样，都是追逐自我的过程。即使是吸毒，他也只沉醉于自己一个人享受，从来没和朋友一起吸过毒。

在《新闻编辑室》里，面对正在没落的传统媒体，索金给出了这样的回答：“你在走下坡路，你害怕失去观众群，你想尽一切办法来挽回他们，只差用 3D 拍新闻了。我宁愿为 100 个观众播出一档好节目，也不愿为 100 万观众播出差节目。我要做的节目，不是你现在这种不得罪人的节目。谁说好新闻就不会受欢迎？我们就要做真实的新闻，还要让它受欢迎！除非你认为绝大部分美国公民都愚蠢至极。我不认为，给我

电视剧《白宫风云》台词：人们认为民主就是选出背黑锅者的过程。

机会，让我证明！”“重掌第四种权力，重振新闻业声誉，一档夜间节目，能为国家建言献策。宣扬礼仪和尊重，回归到这些重要的东西上来。消灭谣言、八卦、隐私窥探。向愚昧者宣扬真理，废弃‘人口结构甜蜜点’论，新闻从业者团结起来。”

在《社交网络》和《新闻编辑室》所代表着的时代里，毋庸置疑，

电视剧《新闻编辑室》台词：因为新闻只有沾染了人性，才有意义。

有些东西将消失，就像有些物种终将灭绝一样。如果哪天你兴致来了也并不是不可能，你在屋里对着一本书发火，怀疑这世上是否还有人在意动词的使用，或者在意“的”和“地”的区别。也可能你经常发现页数薄的作品简洁易读，而大部头作品却塞满了不相关的材料。无论在实体店还是网上书店，购买一本书成了一次特价和优惠的旅程，这些设置都只为让你买更多，而不是更好地买。购买电子书的情况是，首先是卖给你一个冷冰冰的设备，而设备里海量的打折内容就是诱饵。寻找书的乐趣不见了，要找出你想要什么书的情形也改变了。尽管还有很多高质量的文学评论，但毫无疑问，人们不再专注对词句的分析，而转向对简单情节的列举并迅速做出好坏的评价。如果这些非本质因素与编辑水平不直接相关的话，那它们肯定是图书商品化程度的某种指标。[①] 文字还

① 吴波主编，《编辑是一门正在消失的艺术》，金城出版社，2013 年版。

是关键，但已不再是唯一的关键了。

全球市场的需求、数字化的到来、销售和营销推广的重要性不断增强，这些都将传统文案世界的面貌悄悄地改变了。除了最最名利双收的成功者以外，一般文案人都必须在适应新环境的同时孤独地承受创作生涯的压力。这就是新世界的法则，他们经常被建议去参加媒体的新书发布活动，要在自己的微博上不断推荐新书，或在阅读沙龙和节日期间露个脸。从前的光景可能一去不复返了：悠长午餐的传奇、在名不见经传但才华横溢的年轻文案身上的投注、烟雾缭绕的聚会和日常的看稿情境等等。

但是键盘背后的人还在，因为文案依然坚挺。

人相信眼泪，神只爱逻辑

童话故事最后都如何结尾？“Live happily ever after?”（从此幸福地生活在一起？）

不过也有可能是“Live crappily ever after”（从此像废物一样生活）。网络上曾有微博说日本人给出了关于如何正确使用F开头的单词的各种方法，但是假如想要达到活学活用的水平，美剧《无耻之徒》则给出了最为生动和全面的演示，除了能get（学会）花样使用F开头单词的各种技能，还会对“现实生活”有全新的认识。

美国电视连续剧《无耻之徒》根据英国同名剧集改编，由美国Showtime电视网制作，并由英国版原创人员保罗·阿伯特操刀。故事由曼彻斯特搬到风城芝加哥，讲述一名单身的酒鬼父亲弗兰克和他6个儿女的故事——“加拉格一家是完完全全、从各个层面、丝毫不以为耻的无耻之徒”，大姐菲奥娜承担下养育5个弟妹的责任。当酒鬼父亲整天昏睡在地板上的同时，他的孩子们已经开始学会用各种方法自己照顾自己，尽管他们时刻处于饥饿和流离失所的边缘，但是他们真的知道城市里的生存法则。① 第一季播出时，国内某视频网站给出的广告文案是：

---

① 百度百科词条：《无耻之徒》。

电视剧《无耻之徒》海报：Living crappily ever after.（从此像废物一样生活。）哪儿会有王子来拯救公主呢？不如把到手的苹果吃掉才是正事。

“就像是开在厕所里的一朵小花，蹲下来看自有它的美丽。”

英美两版《无耻之徒》尽管被划分到“剧情/喜剧/家庭”的类别中，但着实是一部充斥着粗口和暴力场面的成人类家庭剧，其编剧保罗·艾伯特的多数作品都极富争议，他将自身的经历写入了《无耻之徒》中，艾伯特自己就是家中8个孩子的老七，母亲很早就离开家去追寻新的爱情，随后父亲也很快离开。就像《无耻之徒》中一样，正是他 17 岁的姐姐将他们抚养长大，被绑架一次、自杀未遂两次的艾伯特最终被一户中产家庭收养，终于在一个比较稳定的环境中成长起来。在中学时期受到的来自英文老师的影响，最终促使他从曼彻斯特大学退学专心写作。①

《无耻之徒》剧中酒鬼老爸做了医生的小白鼠，一周不喝酒，可以得到 5 000 美元。于是一个完全清醒、焕然一新的好爸爸出现了：与女儿一起打闹，念故事给她听。知道这种情况根本不会长久的哥哥于心不忍，提醒小妹妹，这只是暂时的，这个“好爸爸”只是个幻象。

写文案也需要时刻从“自我陶醉”中保持清醒。罗曼蒂克固然美妙，但是烟花总不会长久停留，晨起叫醒 5 个弟妹然后发现今天要交的电费还有 10 美元的缺口，这才是生活的真相。与自己谈恋爱，与他人做交易，这似乎是文案人靠谱而安全的生存法则，童话是给愿意相信它的人看的。虽然完全出于商业目的并不太符合“文案人”的情怀，比如一条离奇的社会新闻让你想象力迸发，一个古怪的远房亲戚成了你脑中故事的原型，或是不期而遇的一个念头让你暗暗立誓写一部小说。这些灵感——姑且称之为灵感，好似皎月的清辉，洒落在你的阳台，却常常只留下倏忽而逝的影子，难以捉摸。

再比如人们都喜欢窗外皎洁的白月光，却很少愿意接受它还不如墙上的蚊子血易于描述。“艺术不要技巧”这是外行人才会说的话。写文案要时刻怀有理性和科学的精神，如果能够与数学同眠就更好了。在这个时刻充斥着数字产品的时代，长得有点儿像外星人的“卷福”告诉我

---

① 维基网相关资料翻译整理而成。

们："Brainy is the new sexy."（聪明才是新的性感。）

一个写广告文案的人会看多少遍大卫·奥格威的自传？他们记不记得这本书正文里的第一句话是什么？"童年时代，我在刘易斯·卡罗尔的吉尔福德故居生活居住。"翻译人员在《一个广告人的自白》的注释部分对于刘易斯·卡罗尔的解释是这样的："查尔斯·勒特威奇·道奇森的笔名，英国数学教员，但以小说出名。他的儿童读物《爱丽丝漫游奇境》是世界名著。"我们其实并不能完全知道奥格威提及刘易斯·卡罗尔的意义，假如按照中学课本中理解鲁迅先生文章的方法，对这一句话的分析就可以讲到一节课下课。

刘易斯·卡罗尔：如果你不知道自己要去哪里，任何道路都可以行得通，去做就好了。

毫无疑问，卡罗尔最著名的作品是童话《爱丽丝漫游奇境》，这个本来是写给小姑娘的童话，因为其中包含的众多文字游戏和精妙逻辑而影响广泛。在当时的英国社会里，王尔德和在位的维多利亚女王都是它的忠实读者，而在遥远的中国，沈从文老先生也曾写过它的“中国版”来讽刺时事。自1865年诞生以来，无数研究者试图揣摩刘易斯·卡罗尔的心思——这不是一本儿童读物，这是作者在语言、数学、逻辑等领域的一场冒险。一切看来都别有深意：鹅妈妈的歌，是一首精妙的“胡诌诗”；书中出现的一切景与物，是对牛津生活的戏仿；因为作者的数学家身份，这部小说在有意无意间被布置成了一个数学与逻辑的迷宫：爱丽丝与毛毛虫的对话，戏仿的正是德·摩根的几何学。①

这个有点儿口吃的神父在青春期开始之前就已经展露了在文学上的灼灼才华。14岁时，他编的首本杂志称为“有启发及教育意义的诗集”，在家为投考牛津大学入学考试做准备的同时，又独自写出了一本连环漫画的故事，他还为一家活动木偶剧院编写剧本。终生未婚的他对于少儿的研究是基于他对摄影的爱好，他用相机来表达自己与世界的交流。

一百多年之后，擅长用镜头表达自己的电影导演蒂姆·伯顿再次对爱丽丝的故事进行了改写。出生在美国加利福尼亚的伯顿，童年生活的地方就离好莱坞的几个大制片厂很近，从小“封闭而孤独”的他就喜欢画画和看老电影。9岁那年，他画的一张反对乱丢垃圾的海报被当地一家清洁公司看中，张贴在他们的垃圾车上有一年的时间。高中毕业后他去了加州艺术学院，之后顺理成章地去了迪士尼公司当动画师，但是却

① 何潇，《爱丽丝漫游奇境》，《三联生活周刊》，2012年7月刊。

《爱丽丝漫游奇境》

发现迪士尼公司的刻板并不适合他的性格和创造力。

1994 年，伯顿向好莱坞“最烂”的导演艾德·伍德致敬的一部黑白传记片《艾德·伍德》上映。伯顿在片中强调的是艾德·伍德独特的个人想法和对电影的执着追求，电影刻意模仿了伍德时期的黑白风格和

在好莱坞有一种说法，凡是喜欢蒂姆·伯顿电影的人，都是有自闭症倾向的，而这位导演本人，也似乎正是这样一个人。

电影《艾德·伍德》海报：艾德·伍德是烂片导演里最好的。（When it came to making bad movies，Ed Wood was the best.）

哥特题材，开场便是雷鸣闪电中的吸血鬼公爵从棺材中坐起来介绍片子。

具有神经质风格的《艾德·伍德》显然不能获得票房上的胜利。对于风格化的编剧系导演，票房似乎并不是他会考虑的问题，但是不能忽视的是，伯顿在1989年的商业影片《蝙蝠侠》获得巨大成功之后，才终于获得了拍摄自己喜欢题材的机会——《剪刀手爱德华》。片中爱德华和他心爱的姑娘最终并没有在一起，而能够在一起拥抱的人们，却又不珍惜这样的机会。

钱钟书老先生曾说自己是做灵魂生意的。人类的灵魂由文案人发掘出来，趁着上帝挑走之前，统统收购回来，拣出好用的片段充分表达。"就是诗人之类，也很使我失望；他们常说表现灵魂，把灵魂全部表现完了，更不留一点儿给我"。①

在编剧行业里，默认作品的骨架和灵魂由谁提供，这个人才是真正的编剧，台词、文字和情节不是最重要的。有中国内地编剧曾说："做文字工作，拼到最后是拼认识，拼对生命的认识，比如《士兵突击》赢在兰晓龙对战士的认识，大部分烂戏是没有认识的。年轻编剧们往往对此不服气，但在做独立编剧前你要知道，认识才是一部戏的灵魂。"②有时热爱表达的制片人带着命题而来，编剧只是奉命行事的提线木偶。这种对角色和剧情的清醒的认识，是不同于小说的"技巧"。这样的分工也具有"中国特色"，因此许多后来成名的编剧，早期都有"枪手"经历，尽管没有人承认。

---

① 钱钟书，《魔鬼夜访钱钟书先生》，《写在人生边上》，辽宁人民出版社，2000年版。

② 孟静，《编剧行业的潜规则》，《三联生活周刊》，2012年2月。

不同于中国剧本的“多手货”生产模式，美剧已经形成了剧本生产流水线，领头的编剧被称作“制作人”，他定下风格、大纲、人物小传和前几集，其他人进行科学分解，有专门负责搭建骨架、调整情绪亮点和节奏、扩充台词的，也有专门分人物写作的。[①] 譬如开播时引发火热讨论的《暴君》，首播集的制作团队十分强大，在播出了几集之后，反而受到了故事质量下降的批评。

当我们掀开文案创作的梦幻外表，能看到的是活生生的事实——数据。听起来“数据”并不是大多数出身于文科的文案人的好朋友，但当我们重新回到刘易斯·卡罗尔的故事当中，以及重新审视在现代广告文案创作、编剧工作中愈发呈现的事实，会发现数据对于我们在文案创作中所体现的作用，已经远远超出了我们的可视范围。

2013 年，信息管理专家涂子沛的在《大数据》中把“我们信靠上帝，除了上帝，任何人都必须用数据来说话”改编成：“除了上帝，任何人都必须用数据来说话。”这句原话来自于美国管理学家、统计学家爱德华·戴明。以戴明命名的“戴明奖”，是对质量管理控制行业中的杰出者的表彰。文案界难道就没有数据和精准吗？徐子沛在改编戴明的话之后，紧跟着用历史学家黄仁宇的话作为辅助：“资本主义社会，是一种现代化的社会，它能够将整个的社会以数目字管理”。《大数据》和涂子沛也许都透露着一股浓浓的舶来品的潮腥味儿，但是对于当时以及现在的华文世界，的确是在维克托的《大数据时代》之后，给出了另一种声音。我们究竟应该如何应用手中掌握的巨大数据来改变生活，改变文案的创作？

---

① 孟静，《编剧行业的潜规则》，《三联生活周刊》，2012 年 2 月。

数据成为一种助兴工具之前，它首先是动作片的主要武打场景内容。你要熟悉十八般武艺和各种小小辅助道具，才能成功修得欢喜禅，不然只能成疯魔，不能立地成佛。在《别告诉我你懂PPT》和《你早该这么玩EXCEL》之后，关于我们普通人到底应该怎样更好地工作的书系里，又出现了《谁说菜鸟不会数据分析》。花红柳绿的封面设计和抓人眼球的标题似乎向你挥舞着小手绢儿，说："你看啊，图表背后的故事就是这么简单（又不简单）"。一册本来该用各种高端公式和闻所未闻的算法向我们展示自己的智商有多么匮乏的书，却用"三人行"和小说的方式来讲述如何破解"数据"各个套路。

普通人能够把Excel表格用顺手就已经可以享受到不加班和快升职的快感，而大师级段位则是将数据分析发挥到淋漓尽致，创造出真正的科学高潮。2014年艾美奖中，"年轻一代的"在线影片租赁提供商Netflix获得了31项提名，更遑论其出品的《纸牌屋》在全球引发的热潮。尽管又一次与艾美奖擦身而过，高冷傲娇的《纸牌屋》却也早早有所准备，在《绝命毒师》获奖之后，Netflix放出以剧中名言"Democracy is so overrated"（民主被高估了）为名的短视频。不过当我们抛去其大数据旗下的种种技术性光环，当我们看到《纸牌屋》片中这对夫妻的时候，我们看到了什么？

你说爱情吗？似乎只有丈夫为妻子拉上礼服拉链的一刻，我们见到了爱情的火花。你说友谊吗？似乎其他的荧幕情侣更能为我们说明这一点，譬如《性爱大师》里面的男男女女。

这部颇受争议的纪实剧获得了2014年艾美奖的最佳女主角提名，但最终未能摘下桂冠，不过，我们依然可以确定，这的确是一部有意思的作品。

电视剧《性爱大师》（第二季）海报

《性爱大师》听起来引人无限遐想，仿佛是人们期待着的“黄赌毒”，实际却是根据真实故事改编的。时间倒回到20世纪50年代，即使在美国也仍旧有人以为像《圣经》里描述的一样，男女躺在一起，万能的主就会把孩子赐予他们。关于性的种种知识，或啼笑皆非，或自作聪明，但谁会告诉人类，性是什么呢？威廉·马斯特斯与维吉尼亚·约翰逊就是一对偏执狂式的先烈，用科学的火焰点亮了人类发展中的又一个洞穴。①

1954年，当时马斯特斯头已略秃，发鬓灰白，这位38岁的产科医生和妇产专家（他建立了美国最早的精子银行之一）决心全心献身性研究。两年后，马斯特斯雇用弗吉尼亚·约翰逊为秘书，两人共同开启了人类性

① 从二，《他们教会了美国人做爱》，豆瓣网。

真实的“性爱大师”——威廉·马斯特斯与维吉尼亚·约翰逊

学研究历史上具有里程碑式的研究。他们为美国人性知识的匮乏而震惊，希望用生理学数据来补充性学先驱金赛的社会学统计数据。金赛曾跑遍美国采访了 18 000 人，同样，马斯特斯与约翰逊在他们的实验室里观察到了惊人的 14 000 次高潮。记录两位性学先驱的传记《性爱大师：威廉·马斯特斯与维吉尼亚·约翰逊的生涯与时代，他们教会了美国人如何去爱》一书于 2009 年出版，作者托马斯·迈尔曾深入采访两人，并细致描绘了性研究所生涯的一切。根据迈尔的传记改编，数据与罗曼蒂克、罗曼蒂克与荷尔蒙交织的电视剧版本《性爱大师》于 2013 年正式出炉。[1]

① 从二，《他们教会了美国人做爱》，豆瓣网。

电视剧《性爱大师》海报：他们教会了美国人怎样去爱。（The couple who taught America how to love.）

约翰·麦登是电视剧《性爱大师》的导演，作为一个出生在1948年的“40后”，在经历了20世纪60年代的癫狂之后，他先是成为一个电视剧导演，英伦风的《福尔摩斯归来记》、《摩斯探长》等作品都获得了良好的收视。于是他向大银幕发起了挑战，1997年以《皇室别恋》一片打动了斯皮尔伯格，后者亲自力邀他执导《莎翁情史》，结果此片获奥斯卡最佳影片奖，约翰本人亦获最佳导演提名。多年后他又重新杀回小荧幕，《性爱大师》带着20世纪50年代的不苟言笑和精致服装，科学地解释了曼陀罗是如何诱惑了众生，让他们永生不能自渡。《性爱大师》似乎是《广告狂人》世界的不同面，广告文案人德雷柏和妇产科医生马斯特在对人性洞察上却是殊途同归，感性与理性，性感与刻板，声声昭告着“Enough Romance ，let's fuck”（意思是不要搞那些虚头巴脑了，来点儿实在的吧）。

这句话对于嫁给高富帅当了十几年家庭主妇、丈夫一朝出轨自己只能依靠前任恋人的裙带关系重新进入职场的艾丽西亚来说再合适不过了。她的生活中也曾有过浪漫，但是现在只能重新走入律师事务所，忍着被人叫作“Old dog”（上了岁数的人）的委屈养家糊口，好像是被生活强奸了一样。与之相反，《傲骨贤妻》的编剧米歇尔·金和她的丈夫罗伯特·金一起完成了剧本的写作，罗伯特在第五季也从编剧成为导演。

《傲骨贤妻》无疑是风城芝加哥的另一面，是加拉格一家所在城市的另一端。假如我们绘制一幅美剧“活点地图”，兴许会发现艾丽西亚为了调查刑事案件开车走访贫民街区，正好经过菲奥娜·加拉格的身边。不过如果美剧人物彼此了解，也许她会羡慕《摩登家庭》里加州温暖阳光下的生活。多次蝉联艾美奖的最佳喜剧片《摩登家庭》的编剧之一史蒂夫·列维坦，是记者出身的广告文案人，在李奥贝纳做文案的经历对于他完成《摩登家庭》中“接地气”的描述功不可没。而另一位编剧说：每集只有20分钟，我们每一秒都不会浪费。《摩登家庭》的故事很短，却从未流失温馨浪漫。①

---

① 整理自《摩登家庭》的编剧之一丹·奥沙的采访。

电视剧《傲骨贤妻》宣传海报：His scandal, Her story.（他的丑闻和她的故事。）第一季的艾丽西娅还是聚光灯下站在男人背面的女人，而第五季的海报则演化到只有她一个人拨开帘幕,所以一个真正的好妻子应该是什么样子的？

一个家庭必有采买，开车去超市已经成为家庭喜剧的场景之一。封闭车厢里父母子女之间再无隐私可言，矛盾在这里集中爆发。想必作为一个消费者，你已经体会过数据带来的改变。在消费生活中，你在搜索框里输入的内容最后可能展示在你点开的小说网页的悬窗里。甚至不需要过度招摇的广告文案，它就会吸引你的注意力。而假如你是广告公司

电视剧《摩登家庭》第五季宣传海报

的文案，多数时间里你会根据客户主任带来的简报和调查数据开始你“戴着镣铐的舞蹈”。全媒体环境里，从报纸到手机，从个人 IP 地址到全国一百多个城市，各种监测和调查统计软件无孔不入，消费者的喜好和态度已经可以被细致量化。输入时间、地点、人物特征，轻轻一点，用数字展示的故事就在进度条的另一端。在“0”与“1”之间，广告文案写手可以找到通往消费者心底的道路。而与“全媒体”相呼应的是“微时代”里，文案写作的新套路——短，像持续 14 天的萤火虫的萤火一样短。不管是 14 天的萤火虫还是接近 100 岁的林肯车，哦，come on（拜托），我们都知道开车去看萤火虫的结果是什么。是短暂的萤火的永恒的浪漫。

一年中最热烈的节气，掩盖不住夜晚找寻浪漫的心。

7月23日 20:51 来自微博 weibo.com | 举报　　(9) | 转发(137) | 收藏 | 评论(29)

@林肯中国V在大暑节气发布的微博：一年中最热烈的节气，掩盖不住夜晚找寻浪漫的心。

上海奥美广告公司为林肯中国撰写了这份文案。极尽浪漫的林肯汽车也要用微博这种短小即时的表达方式，而不再是 20 世纪 60 年代里密密麻麻、极尽辞藻描绘的汽车广告文案。而浪漫的星空里并不只有林肯或奥美一颗星星。有人认为王尔德和乔布斯都是掌握了微讯息艺术的大师，因此他们的言论和文案能够精致隽永。一个词、一个短语、一两句话组成的文案，你也可以理解为是一个段子，仰赖于每个字眼的选择，最细微的风格选择都会影响其生死。在《短！微讯息时代的写作艺术》

微博配图文案：大暑，入伏，萤火虫十四天耗尽荧光。林肯，优雅与浪漫不会散场。

里面，作者指出，新闻头条、标题、品牌名称、域名、讲话摘要、广告语、流行语、邮件主题、短信、电梯推介、幻灯片要点、微博、社交网络状态更新等都是微信息。当人们说话的时候，并不愿意做出必要之外的努力。如果你想创造一条能够广为流传的讯息，最好顺应人们这种天生的懒惰倾向。即使你没有期望你的讯息会被人们大声读出，他们依然会在头脑里听见它的发音。一个清晰、简单的发音，会给人留下良好的印象，也更让人难忘。

中国内地著名段子手韩寒无疑对微讯息时代里的表达方式掌握得颇有心得。他操刀的智能移动设备应用软件“一个”发布不到 24 个小时就登上苹果商城免费排行总榜第一名，好评率超过 90%，成为文艺青年装机必备。

“一个”的界面十分简单，每天只为你准备一张图片、一句话、一篇文字、一个问答和一个东西。这些内容没有风格上的限制，均诞生于网络。比之最后不了了之的《独唱团》，“一个”成功运行了接近两年后，已经连续出版了4本书，分别是《见到你很高兴》、《去你家玩好吗》、《想得美》和《不散的筵席》，构成了一个“相识—相知—别离”的故事。在最后一本《不散的筵席》面市时，借助韩寒电影《后会无期》的东风，在夏日里解构了一次别离。《后会无期》固然没在“高大上”的世界里，但是6亿票房却是事实。

假如重新回顾中国诗歌文学发展史，从早期的歌谣到现代诗，跨越千年的时间，文案写手曾经写出鸿篇巨制，也曾写出短小精悍的辞章。文案的江湖中从来不缺乏对欲望的描述，正像是所有艺术形式一样，所有文案都是人类欲望的表现。当我们将目光落到微时代的时候，其实我们也不曾忘记诗歌这种字数真的不太多的文案。

作为一代绘画家，木心将绘画的意识、观念与直觉引入到诗歌当中，其中一首诗《旷野一棵树》，完全是绘画语言的诗歌翻版：“渐老/渐如枯枝/晴空下/杈枒纤繁成晕/后面蓝天/其实就是死/晴着/蓝着/枯枝才清晰/远望迷迷濛濛/灰而起紫晕/一棵/冬之树/别的树上有鸟巢/黄丝带，断线风筝/我/没有”。这与现如今高度提倡画面感的文案写作殊途同归。对于写诗的人来讲，层层叠叠的笔法、可感的清晰度、意境的采摘和意象的诞生都是其中精妙之处。

当然，最令人感兴趣的部分仍然是诗歌中散落的情欲。木心，是几乎可以被视为“男人中的尤物”的人，他的情欲是优雅的，但不是一个人的优雅，而是全人类的优雅。且看他的“从前的人，多认真/认真勾引，认真失身”（《还值一个弥撒吗》），“那夜晚/接连三次一见钟情”（《纸骑士》），“切齿痛恨而/切肤痛惜的才是情人”（《肉体是一部圣经》），“谁愿手拉手/向白夜走/谁就是我的情人/纯洁美丽的坏人”（《论白夜》）。最厉害的是《醍醐》之诗，男人一定得看，因为将受益终生：“你在爱了/我怎会不知/这点点爱/只能逗引我/不足饱饫我/先得将尔乳之/将尔酪，将尔酥/生酥而熟酥/熟酥而至醍醐/我才甘心由你灌顶/如果你止于酪/即使你至酥而止于酥/请回去吧/这里肃静无事。”

这首诗是木心的精髓所在，或者说，可以将“纷纷的情欲”做个归总，做个总结性陈词。写情欲的西方诗人，多至星河灿烂，从惠特曼的“我歌颂带电的肉体”，到里尔克的“杜依诺哀歌”。木心表现的则不是情欲强悍的一面，而是情欲的“反复”性。木心无法与一般中国诗人做比较，木心相对于中国诗人或诗歌的阅读者，有着完全不同的异质，换句话说，木心是个异类，他的诗歌本不在我们的诗歌审美经验之中，如果用白话诗或当代诗的划分标准，木心的诗可能显得不入流，但是有什么关系呢？用冯唐的话来说就是：You have to be out to be in（你必须非主流才入流）；而有关木心的文化背景、海外履历已传说得太多，以至于有被神化的嫌疑，而他诗集的出现，一下子荡平了这么多的障碍，而愈发完美。[1]带着纷纷扬扬情欲的木心不会是个好爸爸，他的浪漫太多，爱的即是全人类，又是每一具肉体的细节，却独独不会是一个个体的人。

还记得《无耻之徒》中哥哥于心不忍，提醒妹妹“这个‘好爸爸’只是个幻象”，小姑娘眨了眨眼睛说，“恩，没关系，他现在是个好爸爸就好。”

---

① 胡赳赳，《诛心看木心》，豆瓣网。

下 篇

为谁写文案

用文案克服时代!

还是为时代客服?

“我看见有人在制造一些污辱人们智慧的粗糙的东西就愤怒，看见人们在鼓吹动物性的狂欢就要发狂。我总以为，有过雨果的博爱、萧伯纳的智慧，罗曼·罗兰又把什么是美说得那么清楚，人无论如何也不该再是愚昧的了。肉麻的东西无论如何也不应该被赞美了。人们没有一点深沉的智慧无论如何也不成了。”

这是谁的咆哮?王小波。

这是谁的黄金时代?萧红和萧军没有红起来，小波却让位给了银河。

大时代，小时代，文案中的时代，也只是一种时代。

为谁写文案?

赞美物质的你，用文案推介的欲望是物质吗?

渴慕爱情的你，用文案发布的计谋是爱情吗?

制作无聊的你，用文案产出的思想是人类吗?

为谁写文案?

在文案中，可以遭遇故乡吗?那些家与国的理想与悲壮呢?

在文案中，可以相逢美好吗?那些灵与肉的纯净与高尚呢?

小规模的荡气回肠，尚未发出，已被制止。

当低头族的生理疾病大发作时，全民写手的黄金时代大规模地到来。

当全媒体的风暴席卷技术与艺术，与内容相依为命的文案系统，应该彻底的自杀般重启，还是于探索中保守式延续?

为谁写文案?

在这个时代，这真是一个多余的问题。

西班牙耶稣会教士巴尔塔沙·葛拉西安是17世纪最会写微博的人。

控制你的反感情绪——

我们本能地憎恶某些人，这种憎恶心理甚至在我们尚未意识到这些人的优点之前便已开始。有时候，这种卑劣、情不自禁的反感是针对某些杰出人物的。对于这种情绪可要小心加以控制，对优秀人物抱有厌恶情绪是最损自己人格的事情。能与英雄人物和睦相处是最值得赞扬的事，恰如以反感情绪对待他们是非常可耻的一样。

不要屈服于每一种普通的冲动——

伟人不会稍有什么念头就立刻为之动心。谨慎之心在于自我反省：明了或预知你的气质，反其道而行之，以便使人的机心与天性互相平衡。自我检讨始于自知之明。有的人天生疏狂，总是由着性子行事，风吹草动都会影响其情绪变化。由于受这种恶性失衡的摆布，他们做起事来总是自相矛盾。这种过分的疏狂性格不仅毁坏他们的意志，也会打击他们的判断力，骚扰他们的欲望和理解力。①

葛拉西安本人像极了他崇尚的“英雄”：“一个圆成之人，成熟而完美：判断精确，品味成熟，聆理则专心，出语则明智，行事则精敏，是一切完美的中心。”

甄于完美的个性，操控着其传达的自我操持之道，锐利、圆滑甚至狡诈，共同模糊了他的道德边界：思从寡，但言从众；有时三思而行，有时一触即发；最好的总是稀少，所以“宁精毋滥”，但智者善用格调高尚、品味优雅的渊博知识武装自己——博学者切中肯綮。

过度保守的时代并未为他的“智慧范儿的模糊”买单。1647 年，

---

① 〔西班牙〕巴尔塔莎·葛拉西安著，秦传安译，卜桦插图，《智慧书》，北京图书馆出版，2007 年版。

17世纪葛拉西安的文字配合21世纪插画师卜桦的图像，俨然古怪、严谨又好玩的文案，经由各种信息的传递而缔造了大片罕见的见识丛林。

葛拉西安的巅峰之作《智慧书》问世。因葛拉西安笔锋犀利、讥讽政治，被耶稣会警告，下令其未获批准不得出版作品。1651 年，寓言小说《批评家》问世。为此，他被耶稣会解除了教席，放逐到一个乡下小镇，直至1658年终老于此。

被放逐的智慧从此茁壮成长于愚蠢无以闯入的环境——一种习以为常的秩序之外的生活。17世纪的放逐尚且有地理坐标，新世界里的放逐，却仿佛抱着梦幻而来，一遇实际，便被梦境放逐，不过剩下些索漠。

爱德华·W·萨义德①在《寒冬心灵》中说："大多数人主要知道一个文化、一个环境、一个家，流亡者至少知道两个。"有着一目了然的中东姓氏和与爱德华八世一样的名字，他用生命演绎一出20世纪版的《出埃及记》。

摩西是犹太人的民族领袖，也是伊斯兰教和基督教的重要先知。与摩西一样，萨义德在开罗和耶路撒冷之间游移，作为当今世界极具影响力的文化学者，萨义德用他的方式为巴勒斯坦在西方世界开出了"红海中的一条路"。只是在"十诫"中，上帝却说："我是耶和华你的神，曾将你从埃及地为奴之家领出来。除了我以外，你不可有别的神。"

知识分子从不会只有一个神。萨义德指出：在当今媒体发达、政治与学术利益交融的时代，所谓的知识分子已经是一种特殊专业，集编辑、记者、政客于一身，他（她）们身不由己，往往成为各种权力机构中的一员，反而在去国离乡的移民逐客中，在甘居异端的"业余者"、"圈外人"中，方能得见知识分子不屈不移、卓然独立的风骨。

东方与西方的对垒，绝非美国政治学家亨廷顿定义的两类宗教的冲突。萨义德的东方与西方之间有着第N条道路。

亨廷顿这位保守派政治学者基于他看到的一切，把世界文明划分成七八种，毫不犹豫地说那些意识形态对立都弱爆了，文明冲突才是冷战后的

---

① 爱德华·W·萨义德，当今世界极具影响力的文学与文化批评家之一，出生于耶路撒冷，获哈佛大学博士学位，任教于哥伦比亚大学，为巴勒斯坦在西方世界最雄辩的代言人。

世界真相。看似选择站在东方文明对立面的亨廷顿在政治思想上，却是一个异类：他的心是属于自由主义的，而他的头脑则属于保守主义。

应对更为复杂和诡异的格局，虽然在多重山水之中来去自由，教士的智慧与教授的风骨却都不太够用，但他们的无奈却有十足的力度。这是移民逐客才会具备的卓异才能。因为背景芜杂，所以三观暧昧。

奇异的暧昧，你会造（知道）吗？

在家里，我吃到后奈良时代流传千年美味细致的和果子。
在巴黎，我从路旁小贩身上的棉罩衫遇见一种川久保玲的风格。
在纽约，我从苏活区旧公寓楼上发现了世界上最精彩的涂鸦壁画。
但在台湾，我只看到城市的零乱丑陋，看到快速消长的流行。
看见惊人的消费力，却看不见一种历久弥新的美学。
然而，那少数默默坚持从少女以来的美学和想象力的人，
还能令你感动，对自己，你不会无动于衷。

——许舜英，台湾中兴百货广告文案

玩意识形态的台湾后现代广告人许舜英用文案扰乱了人间心灵，搭建了文化迷宫：中国传统文化、中国台湾地域文化、欧美流行文化、日本殖民文化的残余氧气她都可以用来深呼吸一下。

她的文字代表作《大量流出》于2000年在大陆首次出版。

于是，这不是一本“什么”，而是一套高难度文化动作。相比于在镜头前拗出一个卖弄风情的姿势，文化动作背后的价值观更有值得咀嚼的兴味。评论家罗智成如此评价：《大量流出》所代表的是“中性化的价值观”——越来越世故的人类以“不做价值判断”来面对生活，不做判断与不坚持判断。许舜英以广告文案知名，却从未被人仅仅看作是一个广告

图书《大量流出》封面：

这是一本保罗·奥斯特书迷对于符号社会的消费文化研究。

这是一本剪裁比利时学派剪裁的诗化文字装置。

这是一本反传统、反叙事、反结构、反形式的感觉派小说。

这是一本塑化剂恐慌时代必读的生活美学报告。

这是一本购物狂热分子写给购物狂热分子的精神分析。

这是一本信息焦虑症患者写给信息焦虑症患者的情书。

这是一本适合重度铅字中毒文艺青年的时尚读物。

这是一本德里达迷/德勒兹迷/杂志迷/便利店迷的购物指南。

这是一本贩卖法国哲学家与大众流行神话的广告文案。

这是一本N年后重新阅读仍会得到相同或更多快感的It Book。

人。她所具有的对美学的高度敏感和与之相伴而生的“过度自觉”甚至引发了她对自己所处行业的愧疚感。这样的价值观——又或者根本算不上是价值观的一种概念，促使她为这一条文案之路刷上模糊的双行线路标。

“我仿佛看见一个深思、敏感又受中产阶级美学制约的创作者以自嘲又反讽的姿态摹绘出光怪陆离、生机盎然、绝美与绝丑的世纪末台北”①，“最适合武夷水仙的水温是华氏八十五度”、“安康鱼肝拌洋葱，用来喂猫”、“肉，三分熟。”这一切吊诡的姿态均不是来自于餐桌礼仪，而是来自中产阶级的审美。

夹心饼干好吃，因为可以加馅料。

陆地、乡村、离岛、文化的各种流亡，都是馅料。

中产阶级美学、中性价值观在影视区域更能制作出更有风味的夹心饼干。

萨义德在《知识分子论》中提到了屠格涅夫。屠格涅夫也是中产阶级和农民阶级、东方与西方之间激荡的产物，他关注知识分子，也同情农奴。《父与子》之中的巴扎洛夫成为无法形容的角色——受制于家庭、爱心和孝心，却也有着毫无顾忌的知识分子力量。他的双亲还继续过着古老俄罗斯的生活，巴扎洛夫则毫不顾忌地完全脱离了这个故事。人们称赞屠格涅夫的现实主义，也许“现实主义”才是在中性的价值观中，前进的唯一支点。

一对生活在伊朗德黑兰的中产夫妇——丈夫纳德与妻子西敏，面临着巴扎洛夫也曾遇到的困境：国家的法律、民族的宗教、人的道德，层层分裂。每一层不同的对与错都是难以跨越的鸿沟，是模糊的陷阱。四个人，坚持与让步之间，都是荆棘附身的疼痛。所有的角色都是内心善

① 许舜英，《大量流出》，广西师范大学出版社，2013年版。

电影《纳德和西敏：一次别离》（*A Separation*）海报

良的人，而反复出现的《古兰经》不断提醒人们“唯一的价值观”，然而为了心中真实的价值观，为了解决矛盾和问题，只有让步与说谎才能实现现实主义的“生存观”。影片末尾，两个女孩子相互对视的场景让人难免唏嘘，两个女孩子的眼睛说：童年结束了。

影片最终留下一个悬念式的结尾，没有人知道纳德和西敏的女儿特敏最终选择哪一边，但这样的结尾也正告诉我们，他们所代表的千千万万个伊朗家庭，也许就在不同程度上纠结于类似的抉择中，艰难而痛苦。

没有谁对谁错，没有哪条价值观来帮助他们抉择。

西敏爱女儿，希望她在更好的环境里成长，因为这是未来；纳德的父亲患有老年痴呆症，他不愿移民，因为这是过去。

于是西敏质问纳德：“你父亲还认得出你这个儿子么？”纳德回答：“这又有什么关系呢，我认得出他是我的父亲啊。”老年痴呆症的父亲就仿佛在宗教与世俗、中产与平民、东方与西方之间努力维持平衡的伊朗社会，囿于其中的人为能量守恒，只能左右为难。

阿斯哈·法哈蒂既是《一次别离》导演，也是编剧。《一次别离》获得了第46届美国国家影评人协会“最佳剧本”奖。记者采访法哈蒂，问他为何会选择中产阶级的视角，法哈蒂则回答：“他们是一群‘两难’之间的群落，糅合了更多的社会问题，利于我采取更现实主义的方法。”

超越一切艰难的是“两难”。

而“两难”气质的文本却是影视剧创作者都想拥有的至宝，但也许，它只属于一个特定的年龄段。这是一段能应和微笑、明白眼泪，更懂得无奈的年龄。

正如法哈蒂30岁只能《与尘共舞》，年长了8岁之后才体味出《一次别离》。在2009年拍出的电影获得柏林银熊奖之后，法哈蒂说他会将

编剧阿斯哈·法哈蒂

之前获得的所有奖项遗忘，专注眼前。专注眼前的自己。

在加利福尼亚大学洛杉矶分校讲授“内心电影之道”课程的维基·金说：年龄的主题将会是你找到内心电影主题的钥匙。每个人笔下的主角其实就是自己，20 岁你想写一个私奔的少女，30 岁却去观察描述终日勤恳的家庭主妇出轨。对于编剧和导演到底写的是谁，无须再兜圈子，打开天窗说亮话吧：你的剧本主人公就是你自己。凤凰卫视陈文茜在针对《少年派的奇幻漂流》采访李安时，引用了他几位好友的说辞：焦雄屏说，李安拍《卧虎藏龙》，他根本就是拍周润发，就是他自己渴望章子怡这样的女人，可他不敢去爱这种女人，不敢追求，他必须像儒家一样忠于他的婚姻……舒国治谈及《少年派》，觉得李安就是一直想要去大海里冒险的人，可没有胆量去，所以就做了这部电影。

人生其实从40岁才真正开始，因为终于可以松开勒得太久的野心的缰绳了。

到底什么时候是中年？

我将电影视为认识世界、认识自我，认识我与人类和艺术之间关系的方式。

——李安

40岁之后的男人李安才成为导演李安。

1994年40岁的李安出品《饮食男女》，作为家庭三部曲的尾篇，《饮食男女》不同于前两部，既没有好莱坞式的外壳，也没有异乡人背景的辅助，只安静地讲了一个世纪末台北都会的人情。家庭与代际差异，不同职业和代际的价值观融汇于一个汤锅里炖煮，腾起一缕青烟，化为满口余香。

1995年，从东方看向西方的李安，执导了第一部英语片《理智与

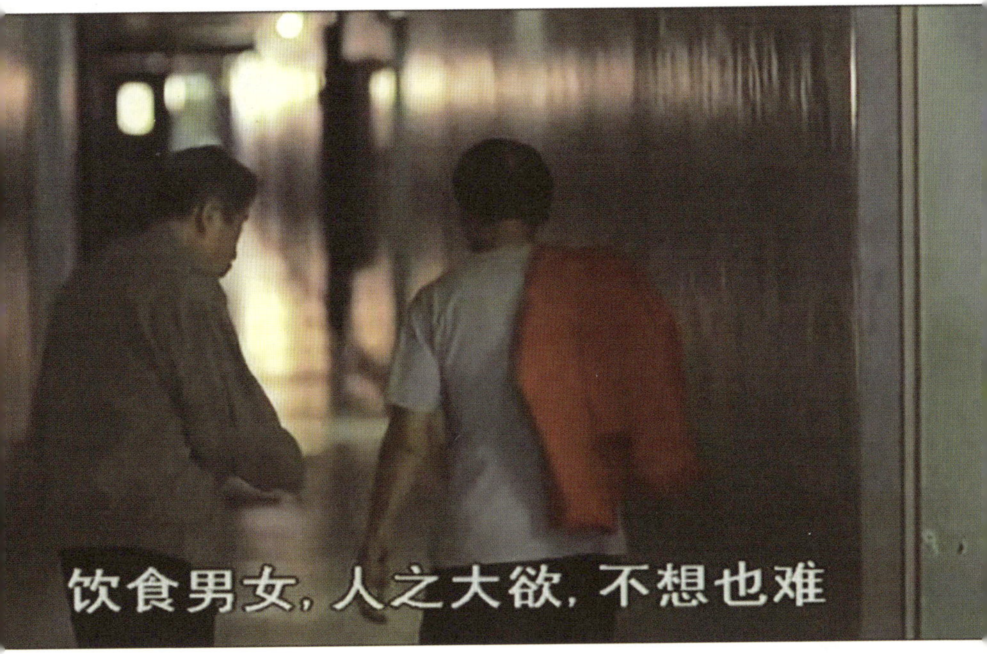

电影《饮食男女》剧照

情感》。当东方儒雅男遭遇英伦高傲女艾玛·汤普森（《理智与情感》编剧兼主演），两人各自裹挟的文化语境应该如何发酵与融通，才会合力于光影间复刻与重构简·奥斯汀笔下名著的灵魂？

在由李安授权的传记《十年一觉电影梦》中，他形容拍摄华语电影和西语电影的区别为：一个是皇帝，一个是总统。皇帝和总统的价值角度是完全相悖的，总统要去取悦每一个人。为了“取悦”在场的大明星，李安用心观察演员的习惯，尊重他们与观众之间的“契约”，顺势引导他们的表演成全自己的价值观。

“艾玛是英国女王蜂”，这是李安对她的形容。既是编剧也是演员的艾玛·汤普森是一个非常有才华的电影人，一个表情可以有四五种表达

李安

艾玛·汤普森

含义，强硬又委婉地表达自己的观点，李安认为她的表演完全可作为教科书使用。然而太好的演员是导演的难题，既不能放弃导演的权威，也不能压制艾玛的发挥，李安陷入了两难。

文案人的价值观总是摇摆的，使它停止下来的是文案人对当时当地情况的观察和判断。李安观察艾玛·汤普森和其他演员的各种习惯特质，在他们还处在迷茫阶段时就开机拍摄，拍摄他们的真实表现，以出其不意来挖掘复杂演技背后的简单情感表达。尊重演员的表演习惯的同时，获得了自己想要的镜头。

当你的生活从40岁开始时，50岁就是一切有趣事物的发现与探寻。

“婚姻要忠实，但拍片不需要，什么好玩就去拍什么。”

2005年《断背山》、2008年《制造伍德斯托克音乐节》，李安多次刷新了人们对他的认识。他翻山越岭，从台湾到好莱坞，从英国乡村到中式江湖，这一次他来到伍德斯托克，重构与他谦和形象完全不符的摇滚版人生版图。

电影《制造伍德斯托克音乐节》海报

不是 Made in Woodstock，也不是 What happened in Woodstock，重点在 Taking。伍德斯托克正在发生、在延续、在变化，是一切今天文艺小清新们蜂拥而上去贴标签的音乐节的开始，就是不曾结束。影片最后男主角把他的一切装入卡车，也带走了伍德斯托克，走向未知的自由。

如萨义德一样夹心于东方与西方，比法哈蒂更懂两难的李安，通过《制造伍德斯托克》营造了一个摇滚版本的中年。有影迷指出《制造伍德斯托克音乐节真正背离“李安模式”的地方在于“全片都平稳地潜伏在一条温顺的剧情线上下，没有剧烈的波动和冲突。李安前期电影常常在影片的高潮和结局阶段设置的那种具有震撼性的当头一棒，在本片中了无踪迹”。《冰风暴》之后的作品中都不断经历着死亡的洗礼，即使是《推手》，也有郎雄扮演的父亲以太极拳对峙餐厅员工的场景。而在《制造伍德斯托克音乐节》中，李安牢牢地将叙事高潮抑制在远离爆发的边缘，极其内敛地将一个家庭的破裂与重生以对话形式呈现，破坏了他作为标准的纽约大学电影系学生应该遵守的好莱坞式叙事法则。①

现实生活里，埃利奥特·提伯来自犹太中产阶级家庭，他一直向父母隐瞒着自己的同性恋倾向，因为这是不被他们的神允许的观念。1960年他出力举办"伍德斯托克音乐节"，在当时迷幻癫狂、到处膨胀着爱与和平的社会背景下公开自己的身份。音乐节3天吸引了约45万人观看，通过音乐呼吁反战与和平。音乐节期间大雨倾盆，交通堵塞，污秽遍地（这一点倒是和今天的音乐节如出一辙），酒精迷醉却没有任何暴力事件发生，仿佛这是摇滚乐迷的应许之地。

纠缠于西方文化事件中55岁的李安，有斯文，有不羁，还有看不清的那些东西。李安在片中更改了音乐节亏本的事实，"制造"了一场人性、爱与自由的大胜利。名为音乐节却只有少量音乐片段，更多是对人的速写，李安深层地模糊了自己的性别意识，软化了那曾经在心中对垒的东方和西方。

自称文案界资深古董的戴维·阿博特曾发布了5条"多少有些道理"的道理：

1. 投身于工作之中。用你的生活赋文案以灵魂。如果某件事打动了你，它也很可能会打动别人。2. 以视觉方式思考。描述螺旋楼梯时人们多半会口手并用。有时零文案就是最好的文案。3. 如果你和我一样相信事实胜于雄辩，那么最好学学怎样把一个清单写得不像是个清单。4. 坦

---

① 冯凝（拷古雪茄），《制造伍德斯托克音乐节：音乐之外，并无新事》，豆瓣影评。

诚的态度对灵魂有益，对文案亦然。比尔·伯恩巴克（Bill Bernbach）曾说过："小坦白能换来大接纳"，我至今仍以为然。5. 别招人厌烦。

他为《经济学人》制作的文案是"I never read The Economist"（我从不读《经济学习》），我们看到了坦诚，也见到了率真，更看到了微妙的沉默。多重的复合与中和，使得阿博特的坦诚别具意味。

"高度概念"是好莱坞制作营销文案时擅长使用的创作手段。他们用极短的几个词组来描述影片的精华之处，因为说得越少，涵盖的内容就越多。先唤起你对熟悉事物的联想，然后表明你的三观需要被刷新。混合空间与时间，在短小的"一句话"里，嘭！爆炸出一个新的概念。

有人问，为什么浙江卫视的电视综艺节目都不超过5个字？总监夏陈安说，"好像取3个字、4个字就不是浙江卫视的综艺节目"，① 尽管不同综艺节目名称并无固定关联，但是"5个字"的外在形式，已经成为一种内容概念。

无论概念化，还是反概念化，符号、文字、意象，将其放在一个思维混搭的复合空间里，更容易催生出创意的"金花四溅"。

旧的价值观被淹没，新的价值观浮现水面。

"海派清口"是上海滑稽戏演员周立波创造的"高度概念"。

继《笑侃三十年》之后，周立波在《我为财狂》中向观众介绍了他的"海派清口"——海派代表上海，清代表至尊、至诚、至真，口代表嘴。"海派清口"是一种带有表演性质的脱口秀，"清"一字中含有了真诚与幽默，"清口"带给观众的是对于严肃问题的另一种理解。不是传统滑稽戏的说学逗唱，也不是网络段子的生拉硬拽，是从时事里挖

① 《浙江卫视综艺节目为什么都起5个字》，《新商报》，2014年8月28日。

掘全新的内容出来，让知识结构和语言重新融汇，催生新概念的诞生。

也是依凭这个“高度概念”，退出舞台十多年的周立波在演艺圈东山再起，成为一种社会现象。他的微博有近 4 000 万粉丝。几乎每一条微博都是整合“高度概念”的经典周氏文案。

1. 雷锋叔叔做好人好事从不留姓名，但全写在日记上了，我们做好人好事也要学习雷锋叔叔不要留下姓名，但一定要发到微博上去。

2. 风雨雷电中：弱者看到末日，强者听到召唤。窈窕淑女前：君子赞叹其美，小人窥探其色。功名利禄到：愚者俸其为父母，悟者视之为浮云。愚者常有，悟者已空。我不是悟空，我自费武功。我不去西天，我不想成仙。我不要取经，我早就成精。我白天念念三字经，晚上打打白骨精。

3. 如果我家只有一间客房，那么我将把这间客房，留给我的“失败”，如果成功来了，就让它打地铺吧！因为，失败是家人而成功只是一个过客！不管“失败”离家多久，你都不要忘了为它留下一个房间，只有善待“失败”它才能继续远行！

海派清口的价值观经由多元的文化铸就，是从上海本地的单口滑稽、北京的单口相声和香港的“栋笃笑”等曲艺表演形式中汲取精华发展而成。它既迎合了上海新中产的怀旧趣味，又帮助老上海、老中产的魂魄得以逆袭。

周立波先生到底是古早情结浓重的男人。从来都是精致挺括的西装，笔直如陆家嘴摩天大厦的中分发线，一丝不苟里荡漾着 20 世纪 30 年代的不羁。2010 年 6 月的一天，他突然有些小伤感，发布了一则怀旧版本的微博文案：黄梅天要到了，忽然想起了新中国成立前的一个绝对，是白兰地的广告，与大家分享。其对仗工整举世罕见——“五月黄梅天，三星白兰地”。微博瞬间就招来了近500次的点赞。

“五月黄梅天，三星白兰地”，此联出自民国初年上海一家酒楼。当年《新民晚报》以“五月黄梅天”为上联悬赏500块大洋征集下联，一高手以“三星白兰地”的无情对得中。所谓“无情对”就是要求字面要对得极为工整，内容却要离得越远越好，以是风马牛不相及，却又横生妙趣。

“无情对”真的对接上了波波（周立波），其“将八竿子打不着的事物任意链接，而且自成体系”恰是周立波的思维特点，也是海派清口的逻辑系统。海派的自由和浪漫不羁，在多年以后仍然带着海风，新鲜潮湿。

海派广告人是中国历史上第一批真正意义上的广告人。当我们想起老上海，一定是有着纸醉金迷里舞女摇曳的裙摆和钻石吊灯下袅袅的香烟，带着冰块晃动的白兰地，带着一种《广告狂人》的既视感。

并不是。

民国初年在外商的冲击下，海派广告人不得不认识到广告的重要性。“八不语”和“酒香不怕巷子深”的观念只能像是浪奔浪涌浪流去，海派广告人马上在还带着油墨香气的《申报》上发布自己的广告文案。

本店开设在四马路文运里间壁，专办书画扇子装潢字画，极其雅趣漂净，颜料极其精致，价廉公道。凡士商赐顾者请至小号而议可也。

——缦云阁启

这是《申报》最早的广告，刊于1872年4月30日第一期。

毫不谦虚地夸赞自己的产品是这样的好，完全不因为自己售卖的是风雅的玩物而视金钱如粪土。很快，广告人发现只有文字还不够有吸引力，本土画家结合西洋画法和国画的精髓绘制广告插图和月份牌，迅速流行开来，成为那个年代里家庭为数不多的装潢。月份牌里摩登貌美的姑娘，成了民国风气开化的代表和普通女性模仿的价值典范。

这样专业的广告文案，甚至还使用了设疑的方法！列出一二三四的回答娓娓道来，文案轻松有趣，画面简洁大气。而广告画里的美女，纤

广告文案：快乐小姐，她何以充满了愉快？

是因为她所穿的阴丹士林色布是：1.颜色最为鲜艳；2.炎日暴晒不褪色；3.经久皂洗不褪色；4.颜色永不消减不至枉费金钱。

浓有度，丝毫不逊色于今天计算机反复修图修到眼瞎的海报。

命运常常有意弄人，民国最优秀的广告绘画技法的创始人郑曼陀是个有眼疾的孤儿。他没有机会从几百个色号里分辨出 RGB 值（工业界的一种色彩标准）之间细微的差别，却在短短几年之间画技超群。他将从老师那里学来的传统人物技法和从书本里学来的水彩技法结合起来，自成一派——擦笔技法。从给死人画遗像开始，到成为月份牌大师，他以擦炭素描加水彩绘制的月份牌画稿一炮打响。他以中西合璧保持了工笔画仕女造型的神韵，使画面美女色彩淡雅，充满了秀丽动人的神态，将绘画、书法、工艺融为一体，深受大众的欢迎。

杭穉英的职业生涯如果放在今天，就是先从客户经理做起的美术指导和创意总监，最后跳槽创业自立门户。他 13 岁进入商务印书馆学习

杭稺英作品

绘画，在商务印聘请来的美国、日本和中国国画老师的教导下，成为极其优秀的广告画设计师。他能很快就轻松拿下客户，而不需要一遍遍修改“PPT”，在他自立门户后，一个月能够产出 50 张月份牌广告。杭稺英从未以自己是画广告为耻，成立画室，培养新人。不同于前辈，他作为一个广告画设计师，做得坦然自得。

他们是中国最早的广告人，也是最早的广告文案创作人。将文字和画面有机结合，融汇东西方不同绘画技法和思想观念，制造了一个个“It girl”（常指经常现身主流媒体及终日参加聚会的时尚女性），是时代的弄潮者。曾经有人评论近代广告设计家是给妓女画像的，不能登入大雅之堂。然而，一个世纪沧桑流转，这些笑意盈盈的作品仍然鲜活。

堪称老上海广告大师、当时拥有上海滩5辆福特汽车之一的庞亦鹏，创作的美国风格的插画风靡上海出版界。庞亦鹏最爱在插画的草丛里签上自己的名字，在《申报》上，每两三天就能看见庞亦鹏的作品。一张张市民生活的生动写真，一幅幅包罗万象的老上海浮世绘，他因而被称为插图广告画大师，他是月份牌时代的终结者。从美国教会学校长大，绘制中国世间群像，最后客死他乡，庞亦鹏为福特汽车画广告，也买得起3 000大洋的福特，却一去最终不曾回头再看一眼他的上海滩。

民国广告作品

自“广”与“告”在1907年合二为一成为“广告”之后，民国世界里，上至政要，下至演艺明星，都为广告和文案代言。民风刚刚开化

民国广告作品

而文脉未断的时点上，广告文案散发出了超越时间的魅力。明星做广告，文化学者写广告文案，政要为产品代言，随意自由而不失品格。战争带来的价值观选择也直接影响了文案人，有的秉持心中的价值量尺远走他乡，有的则留守故土。

文案作为一种精神产品在硝烟中无疑是奢侈的，不管是什么样的展示方式，都要依赖于“五斗米”的土壤。中国现代意义上的创意文案人也是一样。从只有文案没有创意，到无创意不文案，他们呈现出独一无二的个性，实际而实在的观念反而颠覆了固有的“只选一种价值观”。而这种个性又分明淹没于多元而驳杂的文化背景中，仰仗文案所迸发的高超驾驭力赋予创意产品永恒的魅力。

格格不入的大师们，在创意的王国中，却可以无孔不入。他们缔造了一个平庸者无以入侵的第三空间，也走出了少有人走出的第三条道路。

心不能小，但是要小心

电视剧《疯狂广告人》海报

因为有了罗宾·威廉姆斯，2013 年度的《疯狂广告人》（*The Crazy Ones*）才真正有了“疯人疯语”的荒诞风味（此部剧也被译为《疯人疯语》），整部局中你都能看到他饰演的角色是如何的“crazy”，总是在千钧一发之际拿出精妙的方案、从来不好好说话，就连走路也是带着抽搐的旋律，甚至把自画像画在公司门口。别的角色也许亦不似常人，却只有他一个人独自癫狂。

广告人与世界交战，用衰了那个大心脏。咖啡因与酒精，清醒与迷幻，耳边嗡嗡作响的是客户的要求，还是自己的臆想？

他们总是 crazy（不理智的），总是 mad（疯狂的）。

也许只有文案，才能拿来治疗自己的亢奋式绝望。

罗宾·威廉姆斯

苹果公司最新发布的一条广告回归到了人文和艺术的气息。在这条广告中，苹果公司将 iPad Air 定位成一款通向梦想的工具。广告取自电影《死亡诗社》中罗宾·威廉姆斯台词，片中罗宾·威廉姆斯的配音称：“强大的剧本仍在继续，而你可以贡献一段诗篇。”随后他和苹果公司提出这样的问题：“你的诗篇是什么？”。

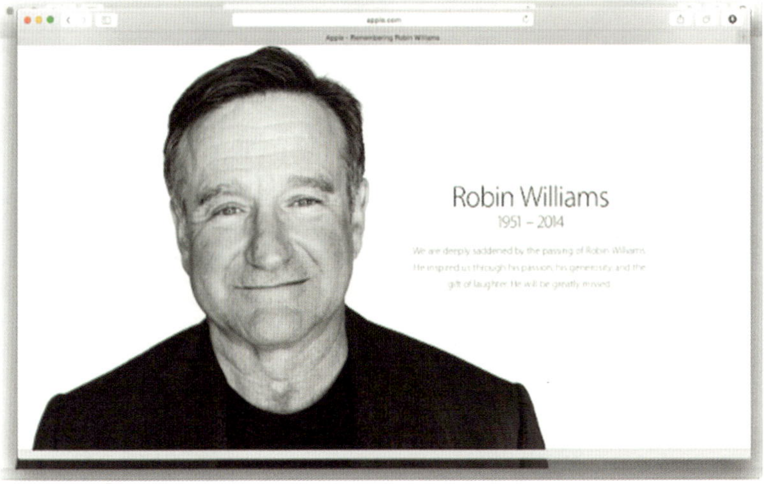

Apple美国官方网站上线了专门页面纪念这一伟大影星的离去。

苹果的诗篇，已经谱写到了 Iphone6：Bigger than bigger。

威廉姆斯先生，你的呢？

2007 年有了《广告狂人》，2013 有了《疯狂广告人》，剧情从 20 世纪 60 年代的麦迪逊大街，延伸到风城芝加哥。广告人，似乎与生存的年代无关，他们的状态总处在疯狂中，也许是因为他们几乎算得上是在“酗酒”，也许是因为一个从唇膏到总统竞选全都囊括的大行业，实在是对左心房右心室无休止的拉扯。

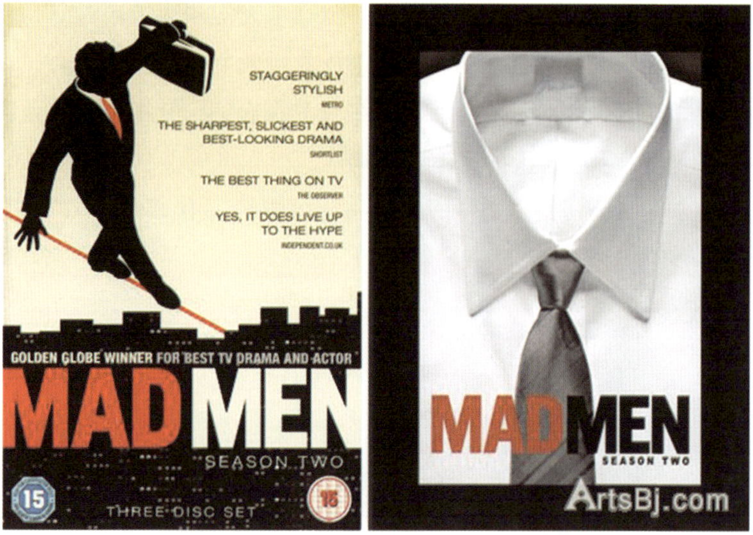

《广告狂人》海报

李奥·贝纳

正如杰出广告文案人李奥·贝纳在回忆录中所说："回想我们过去的伟大作品，很少是在甜蜜、轻松、热情的气氛中创造出来的，反而是在很大压力和复杂的争论中产生的。"他们每做一场文案一个 presentation（提案），就像投行里的 pitch book（推销书）和 client meeting（客户会议），连那种感应沾染都像极了。他们对自我的束厄与放纵，他们对工作的无私和投入，他们对完善的究查，[1] 每一刻都需要强健的心肌和时刻的警醒。讽刺的是，不管是《广告狂人》还是《疯狂广告人》，国贸抑或中环，根本没人是真的清醒，他们将自己埋入无数个主题，工作得像个疯子，喜欢、尊重并服从所有产生出来的灵感。

当然，一切只是为了满足一个群落——客户。这是来自《广告狂人》中的一个经典案例："二战"中为美国海军陆战队提供防水风衣的 London Fog（伦敦雾）是斯特林·库帕的客户。当销售额开始逐渐递减的时候，他们开始考虑终止与斯特林·库帕的广告代理合作。库珀公司创意总监唐·德雷柏（Don Draper）和设计总监萨尔·罗马（Sal Plomano）专门出差拜访了伦敦雾在巴尔的摩的总部，唐讲了像圣经一样的鼓励话语："There will be fat years and there will be lean years, but it is going to rain."（好一年，坏一年，但都是会下雨的一年。）唐非常聪明地提到了"下雨"，用"未来总会下雨"来勉励 London fog，也为自己留住了一个大客户。[2] 与客户交手的唐很小心地以"圣经体"点睛了文案，格局够大。

在《疯狂广告人》中，罗宾·威廉姆斯扮演聪明的广告经理人西蒙·罗伯茨，与女儿西德尼在一起工作。他和同事共同创办了广告公司，与女儿一起成为高级合伙人之一。与唐·德雷柏相比，西蒙的文案创意似乎疯得更加浮夸和不着边际。飞快的语速和每一条皱纹的抽动似乎都能产生一个好主意：挽留麦当劳，他在最后一刻提出了老歌重唱的好点子，却根本没有合适的歌手，最后还是女儿在餐厅大声歌唱才找来了美国甜心救局；咖啡馆广告宣传，逼迫女儿做出大胆选择造成公关危机。《疯狂广告

---

① 《〈广告狂人〉有哪些出色之处?》，知手网。
② 参阅网络博客——回忆与记录《广告狂人》经典文案。

London Fog广告文案：Trust in London Fog。（风雨之中，相信伦敦雾。）

人》就像他们最终为风城咖啡馆写的文案一样：“Dangerously Good。”

跨界广告与电影的美国导演大卫·芬奇说，过去10年最好的剧本都在电视行业。

不只电视剧，电视娱乐业表现更抢眼。

仿佛一夜之间，电视娱乐重新洗刷了客厅。在“开机率下降”的躁动喧哗声中，电视综艺节目却永远是社交网络上讨论的重点。电视综艺节目以全新的智识水平和内容、大手笔精良制作将新一代观众拉回到荧屏之前。在国内电影编剧后继乏力，实体出版不再热门，跨屏观看视频成为新的大势的时候，电视综艺重出江湖。

这一次，向来传统的电视人为我们带来了冒险与革新。在学习过中国香港、台湾的模式之后，他们把目光转向海外。

2009年，荷兰传媒大亨德莫尔开始了他的冒险之旅，这一次，他又成功了。

《荷兰好声音》从最初创意到完成设计、推上荧屏花了两年时间，节目制作手册比砖头还要厚很多。《荷兰好声音》产自荷兰著名电视制作公司 Telpa，他们拥有一个 20 多人的智囊团，收罗来自社会不同领域的意见，从而共同构成了一个小的社会蓝图，这个智囊团提供的意见和创意具有一定的代表性。荷兰制作方表示，《荷兰好声音》是一条变色龙，在维持内核不变的情况下，可以不断适应新的环境，建立本土特色形象。现今全球三十多个国家的《好声音》规则各有不同，按键转身却是全球同步的动作。

《好声音》导师转身椅

在 2012 年的夏天，中国的电视观众也开始为椅子是否会为歌手转动而提心吊胆，转或者不转，观众就在那里，握着遥控器和手机。作为观众，一边听着别人为理想而歌唱，一边在社交网站上评论着自己的现实。

作为中国版本的执行者，星空传媒首席执行官田明与灿星公司总裁金磊堪称推动中国电视娱乐运动的教父。他们都曾是体制内的优秀考生，离开体制之后，带着电视人独有的家国情怀，带领一个“心中有山河”的团队，怀着对古老诗意的向往，促使了一档中国最值钱电视节目的诞生。他们在质疑与彷徨中不断前行，哪怕已经有了《荷兰好声音》

的范本，自负盈亏的压力和与电视台的“赌局”还是让每一个参与制作的人都如履薄冰。20世纪30年代的文人，曾有过“深宵灯火是他的伴侣，因它大开光明之路，‘漂白了的四壁’”，“这不是我想要的生活，这份工作危险、辛苦又肮脏，但总得有人去做。社会若是不需要我这样的人该有多好，然而，只要社会需要，我就会挺身而出”。你以为这段话是哪个漫威英雄说的么？这段话是已故的一位文案人向他的艺术总监解释自己为什么要从事文案工作。

物换星移，文案人仍然坚守“恒兀兀以穷年，深宵的灯火从未熄灭”。

他们的字典里只有“快进”。“中国梦，让世界心动”，他们提出了一个很宏大、很理想的口号，但他们也付出了很细节、很专业的劳作。制作团队要全国各地到处搜罗歌手，找到人之后，一轮轮谈话，将歌声抽丝剥茧，露出本我。还要精心筛选歌手合适的背景资料，太煽情的不要，太生硬的不要。对节目的细节追求堪称苛刻，金磊说他从来没有用一盘带子直接播送，一期节目至少是三盘带子剪辑而成。① 精到的制作水准、精确的收视定位——电视台本文案中的故事模块被他们打造到了疯狂的程度。一开口就是“中国阿黛尔”的郑红、“为爱痴狂”的金志文、“大篷车90后”的吴莫愁等等，声音背后的故事为简单的声线提供了谈资，谈资带动了内容的进一步传播。

多年以前，田明出差去纽约，在时代广场看人来人往，背后不断闪烁的大屏幕是世界影响力的风向标。在纽约工业与文艺交织的空气里，田明想到的是自己什么时候可以取而代之。他的心是这样大，大到终有一日，让吴莫愁成为那个屏幕的主角。

---

① 马李灵珊，《“中国好”灿星：一群在重商时代造大国梦的人》，《智强》，2014年7月刊。

无论是真实呈现，还是水分四溅，故事模块的营造倒是迎合了所有人都想看到的——好看！一定要好看！

沃顿商学院的乔纳·伯杰在《疯传：让你的产品、思想、行为像病毒一样入侵》中这样阐述“故事”的魔力：人们很少会去思考那些直接获得的信息，而去关注那些跌宕起伏的故事。在娱乐至死的年代里，无疑要回归最原始的娱乐形式——故事。在读图的年代里，还有没有人看长文案？有的。那些捧着各式电子阅读器的个体，才是文案创作的对象。无论是电视文案还是广播文案，哪怕是平面广告的一句话，在写文案的时候，请忘记媒体。重点是对话，重点的重点是故事。

故事能够传递思想，不论是一个教训或者一个寓意，一则信息或者一个结论。① 正如《奥德赛》里面的特洛伊木马，有趣而危险。书中所列举的“好故事方法论”，在真实世界要小心使用，即使在广告界，好故事式软文更需谨慎使用。故事中栩栩如生的描写和让人着迷的时尚情

① 〔美〕乔纳·森伯杰著，刘生敏、廖建桥译，《疯传：让你的产品、思想、行为像病毒一样入侵》，电子工业出版社，2014 年版。

怀，快速而便捷地向人们传递了大量的商家信息。唐·德雷柏让我们想起奥格威的英伦风范，而西蒙·罗伯茨却仿佛夸张版的李奥·贝纳——挖掘事物与生俱来的戏剧性，建造一个特洛伊木马。

李奥·贝纳广告文案——万宝路香烟。

李奥·贝纳为一支香烟点燃了一整片西部世界，万宝路牛仔是个赢家，他控制着周围的世界，是在胜利之后点燃香烟的英雄，人们为着牛仔背后天大地大心也大的故事趋之若鹜。2014 年大卫·芬奇再次回归广告导演的身份，为某快消服装品牌拍摄了一款黑色穿衣相对论，随着黑白场景的不断变换，广告主角通过看似不经意的肢体语言展现身着服装的舒适随意与个性。每一支广告都仿佛被直接放置在一段故事的中间，开头与结尾不得而知，全凭消费者任意遐想。

美国休闲服饰品牌GAP广告：Dress Normal（随性穿着）。

Gap 一向以阳光活力的品牌风格被消费者所熟悉，而本次与大卫·芬奇合作，不得不说是一次相对极端的碰撞。大卫·芬奇的电影作品时时透露出不安定的情绪或偏执的意味，而 Gap 想要的是一种正向的、乐观的、不安定的小心翼翼。在丰富的色彩世界里，白色与黑色是最突出的，黑白大胆相对，让消费者来定义自己。一千个消费者，就有一千个不同的“normal”，而“当你 Dress Normal，你会成为最真实、最自信的自我”。[①] 真实的自我具有的故事，绝非生硬的名牌 Logo 可以代替。

因为人为营造冲突的需要，故事更容易失真。过曝的镜头下，再怎样调节色温也是冰冷不动人的做作。尽管这是个裸泳的时代，讲故事的时候却要把你的意图写成密码。激情是灵魂的大门，最实用的知识是伪装它们。所以应该谨慎地保留，采用乌贼的策略。好故事固然强悍，不小心也会成为事故。于是，有人质疑：到底是中国好声音，还是中国好故事？

文案中的故事，绝非那么好讲。

文案可以有两种呈现方式：PPT 和 Word。

而如今，中国电影又多了一个类型——文案电影。2014 年夏天，文案电影火热上映。一路飘红的票房，让门内门外的看客或痴狂或迷茫。

PPT 的重点是什么？图文并茂并结合有力的观点（powerful point）。没有观点的 PPT，是要被打回重做的。有人说郭敬明的《小时代》是各路奢侈品的新一季作品展示 PPT，各种旋转跳跃的动画效果不断刷新着观众的底线。也有人说其中从不掩饰的对物质的追求正是对新一代人特点的白描。总之，也许“《小时代》. pptx”自动放映结束之后无人鼓掌，谁的

① 文静，《Dress Normal：Gap 的穿衣相对论》，广告门网站，2014 年 9 月。

肤浅谁自知。早在小说时代就已经被极大压缩了的故事情节在电影里几乎演化为去买下一件大衣的牵强理由。

仿佛为了对仗工整，既然有了 PPT 电影，Word 版本也不能少。“后会无期 . doc”没有大规模抄袭网络段子，可那些用生命写段子的态度，是灵药也是瑕疵。它的存在只是为那些金句和朴树的歌声提供了交集，从而引人注目。甚至连某位发行方代表在交谈中都透着语焉不详——他们也不确定该如何推荐这部电影，被问得多了，只能含糊地说它其实是一部搞笑片。这样的非典型饥饿营销，底牌倒也显而易见——导演的名字。[①] 韩寒在 Word 上负责书写金句，他的主人公们就负责在摄影机前说。风中凌乱的男主角们穿过人山人海之后，就没有然后了。一如韩寒以往的故事一样，此去经年，没有结局。

金句是所有文案创作者想要的宝贝。但用它来架构一部电影，真是一种罕见而冒险的类型。那些我们日夜辗转、因为写不出一个好句子而忧思难忘的困境，遭到了《后会无期》里所有角色的围观嘲笑，因为不论他们是教师还是骗子，张口就是苏格拉底，镜头一转又诗人附身，毫不费力。而韩寒自己，是个金句生产商，上中学的时候就为了吸引大家的注意力，恨不能每一篇作文都有笑点，每一段都是高潮。

韩寒的心很大，在韩寒的创意文件夹中，有电影，也有期刊。缔造《独唱团》并不比缔造金句来得容易。《独唱团》创立初期，前《南方周末》记者曾在韩寒的办公桌上看到过一本《对话美国顶尖杂志总编》。

《对话美国顶尖杂志总编》作者王栋毕业于复旦大学新闻学院，又以全 A 成绩毕业自密苏里新闻学院，获得媒体管理硕士学位。他驻扎纽

---

① snoopynirvana，《如果〈小时代〉是 PPT，那〈后会无期〉就是 Word》，《外滩画报》，2014 年第 601 期。

约，遍访了《时代》、《新闻周刊》、《纽约时报杂志》、《福布斯》等多家传媒公司总裁以及高级管理人员。

《对话美国顶尖杂志总编》一经出版就成了中国各类杂志人的案头书与心头好，其中也包括韩寒。

正如《三联生活周刊》副主编苗炜所言：许多中国新创杂志，都会以一本美国杂志为样板。这种现象有其必然的原因。我想，每个要从事杂志行当并希望从中获得职业尊严的年轻人，都应该认真读上几本美国杂志，读上一段时间，再拿起这本《对话美国顶尖杂志总编》，对照着看。

做杂志的韩寒，拍电影的韩寒，归根到底是一个写字的韩寒，平台与载体日新月异，他的 Word 上始终闪烁着金句与金句的跳接。

2009 年，他在他的博客上，宣布《独唱团》即将上市。“即将到来的杂志最后名为《独唱团》，随后到来的是另外一本叫《合唱团》。下月底上市，因为诸多原因之前多有拖延，见谅。”现实却是直到 2010 年下半年，《独唱团》才面世。而《独唱团》终成“独唱”，和声从未发声。

不管是韩寒对照着什么，还是什么映照着韩寒。韩寒很勇敢，韩寒很认真，韩寒很拖延。

最后，《独唱团》只是寒光一闪。

每一个探险队员都是伟大的，船长更伟大。“战争打到一塌糊涂的时候，真正的将军作用是什么？就是要在看不清的茫茫黑暗中，用自己发出微光，带着你的队伍前进！”这是克劳塞维茨在《战争论》中一句著名的话，也是任正非极为推崇的一句话。你是创始人，你是船长，你必须在黑暗中发出微光！/王冠雄

8月17日 11:16 来自 iPhone客户端

收藏 转发 222 评论 45 127

王利芬以“优米网”的形式独唱之前，曾与 CCTV 有过十几年的合唱。

一个关于 CCTV 的形象文案传颂许久：每个人心中都有一个舞台，心有多大，舞台就有多大。这句心灵鸡汤被广泛应用于高考作文、杂志专栏，励志得油光满面。

王利芬 20 世纪 90 年代中期自北京大学中文系毕业之后，登上了 CCTV 这个大舞台，在央视这个大舞台上，王利芬见过了太多创业者、守业者、成功者和失败者。王利芳曾经以北大中文系作为梦想，道阻且长也仍然走到了北大的银杏树下。“其实在每一个人心里，都能找到这样一棵银杏树。”当一批批创业者的故事在她眼前不断发生发酵，她的梦想再一次生发。

2004 年 9 月她赴美国耶鲁大学和布鲁金斯学会研究美国媒体，遍访美国 5 大广播电视网：NBC（美国全国广播公司）、ABC（美国广播公司）、CBS（哥伦比亚广播公司）、PBS（美国公共电视网）、CNN（美国有线电视新闻网）。她的采访对象既有在全世界享有盛名的节目主持人：华莱士、汤姆·布罗考、蒂姆·拉瑟特、彼得·詹宁斯等，也有《60 分钟》、《新闻时间》、CNN 国际频道等著名栏目和机构中的总制片人、高级制片人、总编辑、高级撰稿人等幕后人员。

浸淫于一个宏大的媒体许久，又观察了世界最强大的媒体帝国，她逐渐有了如此的反思：世界太大，自己太小，生命太短。她说，人是在对象化的认知中长大的，因为生命的有限，反而让人重新审视“心有多大，舞台就有多大”的概念。①

群情激动的励志口号在中国绝不罕见。然而我们的人生需要激励，需要感召，但更需要的是看看世界有多大，自己有多小。

---

① 王利芬著，《对话美国电视》，中信出版社，2006 年版。

2009 年，王从 CCTV 辞职，创办优米网来实现对梦想的追求，这让王利芬走出了不寻常的步伐。随着互联网的冲击，她决定自己创业，切入口就是给自己老本行带来冲击的互联网。优米网尊重个人趣味和成长，是为大学生、职场人士、创业者提供独家商业智慧的视频服务平台。2009 年，慕深（MOOC，大型开放式网络课程）的概念还未风起云涌，视频内容的重要性还停留在以电视为主体的介质上，优米先抓起了这一把好米煮成熟饭。

这个网媒有了一个新文案：改变的人都在这里。

改变，就是重构自己的内心。

而重构他人的心灵，是创意写手的危险游戏。

电影《影子写手》海报

“写手”在中国写作群落中诡秘依旧。而在西方，“写手”早已经是一个成熟的职业角色。许多大人物的传记后面都有一个职业写手或者一个写作团队运作，是相当正常而科学的。

史景迁

从某个角度讲，曾任美国历史学会主席的耶鲁大学教授史景迁堪称最牛的“影子写手”。史景迁以研究中国历史见长。他以独特的视角观察悠久的中国历史，并以不同一般的“讲故事”的方式向读者介绍他的观察与研究结果。

史景迁是最懂创意写作的历史学教授：我最想做的事情就是用比较动

人的故事阐明过去，让别人对文化的不同层面都产生兴趣，这就足够了。他的作品敏锐、深邃、独特而又“好看”，这使他在成为蜚声国际的汉学家的同时，也成为学术畅销书的写作高手。

但史教授的创意冲动却与理性与严谨并行：在任何情况下，历史学家必须既勇敢大胆，又小心翼翼；历史学家的写作必须既精确而简洁，又能在细微之处展现足够的深刻。只有这样，才能讲出精确而深刻的故事。史景迁试图通过高超的叙事技巧和敏锐的观察力，在那些泛黄僵化的历史数据背后，挖掘塑造逝去的时空里的人和事。他用《聊斋志异》建构清初山东地方民众的心灵图景——这比鬼神故事还要算是神来之笔；他用每一个历史研究者都能接触到的中国地方志布局谋篇故事情节。

史景迁最得意的《王氏之死》的一个片断，被放置在《王氏之死》的封面，成为封面文案：“我对王氏的反应是模糊而深远。她对我而言，就像人们在退潮的海水中看到的，在群石中微微闪亮，而以近乎后悔的心情从浪潮中拾起的一颗石头，知道很快地随着石头在太阳下晒干，遍布在其上的色彩会褪卸消逝。但在这个案里，色彩和纹理没有消退：当它平躺在我手里时，色彩和纹理反而显得更鲜明。不时地，我知道是石头本身在传热给握持它的血肉之躯。”①

央视广告片中，一个身着红棉袄的姑娘从北方白雪皑皑的农村里旋转跳脱。而王氏，几次三番离开与逃脱，最后也只能穿着红底鞋，躺在被白雪覆盖的林地上。同样色调，不同结局——王氏的故事早已谢幕，心的大小终究跳不出历史的舞台。

《王氏之死》中有温度触感的场景描写，让已成为冰冷文物的历史

---

① 社华、李伟华，《史景迁：历史写作就像玩拼图游戏》，《时尚先生》，2013 年 10 月刊。

重新成为火热的躯体。“影子写手”也仿佛获得了可以寄生的宿主，种下虫蛊，以待在远处操纵别人的内心。

同样是重构他人的内心，伟大的演员和伟大的历史学家真的不一样，只因为演员曾经扮演过教授。哈佛毕业生马特·达蒙与他的好友本·阿弗莱克共同完成了《心灵捕手》的剧本，这次捕猎成功为他们打开了演艺世界的大门。而“心灵捕手”教授肖恩正是由罗宾·威廉姆斯扮演。为了帮助威尔回归正途，数学教授和他的朋友心理学家肖恩不懈努力，他们从心底爆发的“说辞”，闪出了片长两个小时的电影中最耀眼的光。

你只是个孩子，你根本不晓得你在说什么。所以问你艺术，你可能会提出艺术书籍中的粗浅论调，有关米开朗琪罗，你知道很多，他的满腔政治热情，与教皇相交莫逆，耽于性爱，你对他很清楚吧？但你连西斯廷教堂的气味也不知道吧？你没试过站在那儿，昂首眺望天花板上的名画吧？肯定未见过吧？如果我问关于女人的事，你大可以向我如数家珍，你可能上过几次床，但你没法说出在女人身旁醒来时，那份内心真正的喜悦。你年轻彪悍，我如果和你谈论战争，你会向我大抛莎士比亚，朗诵“共赴战场，亲爱的朋友”，但你从未亲临战阵，未试过把挚友的头拥入怀里，看着他吸着最后一口气，凝望着你，向你求助。我问你何为爱情，你可能只会吟风弄月，但你未试过全情投入真心倾倒，四目交投时彼此了解对方的心，好比上帝安排天使下凡只献给你，把你从地狱深渊拯救出来，对她百般关怀的感受你也从未试过，你从未试过对她的情深款款矢志厮守，明知她患了绝症也在所不惜，你从未尝试过痛失挚爱的感受……①

---

① aima，《你根本不知道你在说什么》，豆瓣网，2006 年 8 月 30 日。

电影《心灵捕手》剧照

这样一段话，不仅让荒废时光而洋洋自得的威尔恐惧，更是让每个荧幕之前的轻狂少年战栗。数学家的迷失和疯狂与戏剧故事交织叠错，智商普通的众人却照见自己的肤浅。古往今来，天才的精神世界一直算是一个永远解不完的谜。天才两个字也一再和夭折、脆弱、癫狂、变态、孤独、阴暗等这些不太正常的词联系在一起。众数——“正常”的人，低头看看自己的草稿纸，不仅没有得出答案，连式子都列不出，空留迷失在数字与空间中。

数学家在十进制的进阶中，发现世间理性与感性的无穷交集。“Experience without learning is better than learning without excperi - ence. (Bertuand Russell, British philosopher and mathematician)”（有经验而无学问胜于有学问而无经验。——英国哲学家、数学家伯特兰·罗素）。

数学与文案从来并行不悖。文案——“昔葛天氏之乐，三人操牛尾，投足以歌八阙”，从天地之间的歌谣发轫。《死亡诗社》中教师带领学生在校史楼内聆听死亡的声音，反思生的意义，让男生们在绿茵场上宣读自己的理想，鼓励学生站在课桌上，用新的视角俯瞰世界。甚至违反门禁，成立死亡诗社，在山洞里击节而歌。

成为教授，成为老师，成为队长。

虽然任何质地的创意都充盈着改变的冲动。

但都要面对最为彻底的改变——死亡。

伟大的演员决绝得没有任何创意。在托尔斯泰的中篇小说《伊万·伊里奇之死》中，伊里奇摔伤了，他的伤势每况愈下，他最终死去。令人惊奇的是，伊里奇发现自己终有一死时大为震惊。相比于伊里奇的尖叫，死亡的实质是提供了“最本己”的可能性——我们向死而生，独自离开。

2014 年 8 月 11 日，威廉姆斯被发现死于加州马林郡蒂伯龙自家寓所，享年 63 岁，法医判定威廉姆斯死因是以窒息方式自杀身亡。警方 12 日指出，罗宾·威廉姆斯死意甚坚，先割腕未死，后以自缢了结性命。与他曾饰演的角色相似——酗酒毁坏了他的身体，焦虑、抑郁症毁坏了他的精神。那颗仿佛为喜剧诞生的心脏，终于再也笑不出来。

“流行文化与哲学”系列2010年夏出版了《广告狂人与哲学》，该书主编威廉·欧文对《时代》周刊说：“与苏格拉底所言‘未经省察的生活不值得过’相反，《广告狂人》中的人物从不反思他们的生活。他们缺少自我意识，使这部电视剧成了哲学讨论的沃土。”①

图书《广告狂人与哲学》封面：Nothing is as it seems.（一切都不是看上去的那样。）

人生如戏，但戏剧般的人生绝对是不健康的。

心不能小，但是要小心且行且珍惜。

① 薛巍，《广告狂人与哲学》，《三联生活周刊》，2012年5月14日。

为人还是为性

为谁写文案？

回答这样的问题，如果语不惊人，就已经失去了回答的资格。

1981年史蒂夫·海登为苹果电脑制作的文案

“我们在1981年刊出这则广告，欢迎IBM进入个人电脑市场，有点像比利时欢迎希特勒入境。哦，好吧。它的巧妙之处在于，虽然苹果当时规模尚小，但该广告把一场24匹马的竞争变成了两匹马的竞争，而苹果和IBM自那时起，便永远地联系在了一起。”① 史蒂夫·海登以这样的一幅文案，回答了“为谁写文案”所能达到的神级境界。

那么，再具象、再通俗些呢？对此史蒂夫·海登也给出了自己的回答：“如果你想挣得多，就取悦客户。如果你想得大奖，就取悦自己。如果你想成为一名伟大的广告文案人，就取悦读者。”

为人。信誓旦旦的承诺是广告的灵魂，亦是文案自处的立足点。文案向世人保证了一种虚拟存在的美好次元。文案将那些微小的生活末节、角落，甚至是“下等人”与一切正大光明一起悬挂当空。以充满美感的方式，售卖止汗露、洗衣粉这些并不是美好的存在。所以文案人热爱《圣经》。

为性。写文案是人类社会中几乎算得上是唯一合法发挥人格缺陷而获利的工作，这些缺陷包括傲慢、妒忌、暴怒、懒惰、贪婪、贪食及色欲——“七宗罪”，甚至更多特质，都能为文案创作带来高潮。海登特别强调了要善加利用这些“缺陷”，享受本性带来的真金白银。所以文案人热爱《圣经》。

这本册子，以一种近乎无情的方式，在两千年前就揭示了你今天所认识的一切——“已有之事，后必有之，已行之事，后必行之，阳光之下，并无新事。”它不但阐释了文案人需要知道的一切人性问题，简洁的语言亦是写作指南。畅销两千年的文案只此一家，别无分店。

你可以不信仰它的神，你可以不相信那些故事——譬如耶稣是如何出生的。但即使是得了D&AD（英国设计与艺术指导协会）金铅笔奖，

① 〔瑞〕阿拉斯泰尔·克朗普顿编著，邹熙译，《全球一流文案——32位世界顶尖广告人的创意之道》，中信出版社，2014年版。

我们之中又有多少人能让自己的作品被称作“神的话语”？

因此，比起模仿你在获奖作品集里发现的华丽样式，不如去模仿那些人。换言之，把你的作品打造成“宝洁的话语”，“IBM 的话语”，或是“卡拉鲍尔糖果的话语”。[①] 许舜英在《我不是一本型录》中这样说：比较老的东西之所以你还会欣赏，是因为它的质量真的非常好。《圣经》就是这样没有使用期限的老物件，岁月的沉淀为它包浆，经历的划痕成为自己独特的文身。神灵指引下，欲望的言语从躯体中剥离，成为另一个自己。

从出版至今，《圣经》全球发行量已经超过四十亿册。

我灵愁苦，要发出话语。
我心苦恼，要吐露哀情。

——《旧·伯》

可见，上帝的话语是永不过时的文案。

① 〔瑞〕阿拉斯泰尔·克朗普顿编著、邹熙译，《全球一流文案——32 位世界顶尖广告人的创意之道》，中信出版社，2014 年版。

但“听过许多道理，依然过不好这一生”，做上帝的子民却也凶险无比，哪怕他是教父。

西西里岛谚语有云：世界太危险了，孩子需要有两个父亲才行。

如果这个世界上曾有两个教父，他们一定是：

马龙·白兰度——维托·唐·科莱昂——电影《教父Ⅰ》主角。

阿尔·帕西诺——迈克·柯里昂——电影《教父Ⅱ》主角。

“他们观看电影也许是因为白兰度，但是他们离开的时候就会记得我。”阿尔·帕西诺澄清以上两句非他所言。阿尔·帕西诺与马龙·白兰度出演两代《教父》，他称后者为自己的艺术教父。

《教父》系列被权威的评论家誉为令人膜拜的“电影论文”，在所有你能见到的优秀电影排行榜上都榜上有名。有影评家称：《教父》系列是意大利裔美国人写给故乡黑帮的情书。而此论文和情书的缔造者、大导演科波拉竟然是为了还债。

弗朗西斯·科波拉一度债台高筑，你很难在好莱坞看到这样容易把自

世界这么乱，理想给谁看？
黑帮也是有理想的好青年。

己搞破产的导演。“破产”是弗朗西斯·科波拉的常见属性，他出生在后来破产的底特律，小儿麻痹使他的童年几乎“破产”，只能在床上胡思乱想。你给他一个亿，他想要二十亿，只为了传说中的“好电影”，“预算”一词不存在于西西里岛人的词典里。

“在我认识的所有导演中，科波拉是最大的自我中心论者和最大的不稳定者。”作为朋友的卢卡斯如是说。自我的不稳定带来了经济状况的波动，逼迫他接下了《教父》的工作。直到今天，科波拉仍把它描绘为“生活中最可怕的经历”。他不满意剧本，不满意演员，却为生活所迫，拍摄《教父》。这样的电影是为了“人性”而写情书，还是为了“性命”谋求饭碗？

弗朗西斯·科波拉

他说：“我对它不感兴趣。令我吃惊的是它竟那样成功，以致当我打算从事别的事情时，它又把我拉进了另一次辉煌。”他毫无兴致地开始拍摄第二集，1974 年，《教父 Ⅱ》取得了更大的成功。[①] 20 世纪 70 年代里，导演是好莱坞的教父。对于创造了众多导演传奇故事的这段黄金时代，科波拉自我讽刺道：“这些情况使各电影公司觉得，好像住院病人接管了疯人院。”

与科波拉结婚已 35 年的妻子埃莉诺如此形容他们的生活，“弗朗西斯是在钢丝绳上跳舞，我则拉着钢索”。1988 年，科波拉厌恶地离开了好莱坞，他对《纽约时报》说：“我不再与之合作了，我已年近 50，我得聚精会神干点我真正想干的事。”科波拉在坎坷中度过了整个 80 年

① 《弗朗西斯科·科波拉：与梦想作斗争》，《江南时报》，2002 年 4 月 3 日。

代，当他再一次陷入绝境，又是“教父”挽救了其事业。《教父Ⅲ》整体成绩无法与前两部匹敌，但仍为柯里昂家族史做出了史诗式完结。①

也许有金钱的勒索，科波拉的《教父》才会拥有沉郁悲怆之华丽，穿透黑白哲思之人性。其深不可测的面目像极了“神的话语”。在一个无下限的行业里，科波拉是最无下限的那一个，美国《娱乐周刊》称科波拉是一个“失去监督的疯子”。这样一个“疯子”，已经脱离了凡人的理解区间，富于创造力的科波拉运用与生俱来的复杂和矛盾，表达出几乎是高雅的肮脏想法。

如同柯里昂家族的教父，面对观众，科波拉开出了一系列他人不敢拒绝，也无法拒绝的条件。

LV广告：每个故事中都有一段美妙的旅程。

---

① 《弗朗西斯·福特·科波拉：终极荣誉，辉映此生》，《精品购物指南》，2010年11月25日，第99期。

2010年，弗朗西斯·科波拉和女儿索菲亚·科波拉成为LV的代言人。父与女沐浴在阿根廷布宜诺斯艾利斯市郊的夕阳中，整幅文案弥漫着强大又温柔的能量，一种无可替代的家族式传承与创造，完美地诠释了“Inside every story, there is a beautiful journey.”（每个故事都蕴含着一段美丽的旅程。）

认识了科波拉，你就认识了好莱坞的精英圈。它比多数人的想象都要小得多，更是有着累世公卿一般的血缘门槛。

科波拉家族的艺术细胞具有强悍的生命力，第三代科波拉——吉娅·科波拉拍出了《帕罗奥姆》，电影改编自詹姆斯·弗兰克的小说，以此为蓝本，改编成了一部以高中生为中心的黑色青春电影。谈起祖父的长篇处女作《如今你已长大》，吉娅·科波拉说：“我还没有看过他的第一部长篇，虽然每一个在纳帕溪谷的孩子都看了无数次了。”

虽然弄不清楚自己祖父的处女作到底是哪一部，也没有成为其门下高徒，但是只要姓科波拉就说明了一切。在没有父亲的氛围里长大，她没有像堂叔尼古拉斯·凯奇只为了证明自己而更改姓名，也没有成为一名调酒师来反抗家庭，与黑色青春的影片不同，吉娅选择了生活上的独立与清新。①

索菲亚·科波拉——吉娅的“姐姐一样的”姑姑，27天小成本拍摄《迷失东京》之后，转手大制作《绝代艳后》——“赤字皇后”玛丽·安托瓦内特，毕生热衷时尚、宴会与玩乐，与路易十六的婚姻形同虚设，在欲望和人性之间荡漾的只有她层层叠叠的裙摆。女人看女人，看出了不一样的颜色。本该是血流成河与血雨腥风的大革命风暴，在《绝代艳后》里却只留下马卡龙一般的甜腻。

---

① 参阅青苔复生，《吉娅·科波拉：科波拉家族的新成员》，《优家画报》，2014年第34期。

索菲亚·科波拉

玛丽·安托瓦内特

洛可可风潮在安托瓦内特的身上被发扬光大。这样繁复、细节与享乐主义的极致，是古典世界的一种证明。洛可可是充满爱欲的，而现代的一切总是机械冰冷的。哲学家们从过去假设上帝存在进而推论所有事物的工作，转换为依据实验和观察的理性方法去推论世间的万象，选择倾向世俗的路线。

显而易见，我们并非生活在同一时光中。

新的世界太危险，需要很多个教父。

当一个故事变成电影，大部分精彩已经流失。

——Sebo 博物馆书店

现代工厂的轰鸣造就了好莱坞。泰勒制工厂的模具压制出了流水线上的电影和电视剧，每个工人只负责一道工序，从不过问自己每日拧的上千螺丝有何意义。他们只关心自己晚上下班时能不能有饭吃，为此不惜破坏虚拟人生和现实世界之间的和平。

文案的价值在于那些不能言传，只能意会的微妙感觉。当文案和观者产生了化学反应，形成独有的痕迹，文案才算是写完。改编工人，每天都在天人交战，从幻想中挑拣身强体壮的小兵，演一出“电影毁原著”十八式。

“电影毁原著”的文案制作者不知被影片中的什么彻底摧毁了胃口。纵然有一千个哈姆雷特，被搬上现实生活里的总不是你那一个。文字与文案之间的一步之遥，就又是一个新的世界。撰写文字的人尚且质疑人生，在荒唐与暴怒中探究灵与肉的关系，“二道贩子”又如何能够感知温度，传递脉搏？然而改编电影、电视剧从未停止，从世界名著到网络小说，只要有受众和市场，任何人类语言的作品都能变为一声叹息。

不管文学与电影如何相处，但将著作变身剧本，改编者的热情从未消退——一本本变成一幕幕，它们成为共同躺在电脑硬盘里的邻居。也许是因为低龄青少年文学同人文只要改编为情色电影瞬间就有过亿点击，人们一边掩饰自己的肤浅，一边偷瞄屏幕，回味起来咂咂嘴，还要说“真难以下咽”。机械时代解放了人的躯体，却又困住脑浆，信息时代键盘带来无聊和乏味，电波又扰乱了作息。情之大欲和人之本性成为文案制造者的秘籍，卫道士的叫嚣反而成为最好的宣传。

如同“删减、继续删减”是文案创作人的看家本领，文学创作的基本方法论——“修改、反复修改”，为影视剧的改编者酝酿、提供文案才有的创意元素。文案撰写人并不只是一个作家，影视剧的改编者更接近演说家。而在站到讲台上之前，要不停地修改——这包括了对自己诅咒、挠头皮、啃指甲的过程和一篓子废纸。

在这个没有人知道明天是什么样子的世界里，唯一能叫人逃避沮丧发狂的东西，就是原始朴实的作品。原始不等于落伍和陈旧，而是带着简单至上的美学体验。在 21 世纪的第二个十年里，人类社会似乎返璞归真，重新回到读图时代。

传奇广告人保罗·西尔弗曼写过小说，做过记者，最后成为广告创意总监，他的观点异常精彩：现代文案写作是电影式的，“不要告诉我月亮在闪耀，让我看到玻璃碎片上的闪光”。电影场景传递信息的速度，显然比任何文字甚至动词都要快，由于最好的文案总是裁了又裁，你可以说文案撰稿人最伟大的工作就是设想出一个令人难忘的场景，而其中连文字的影子都没有。① 与此同时，全世界最好的广告，大多为图片和文字的结合，文字也是构图的一部分。

视觉化时代的写作者，是作家，抑或文字设计师？

对于演员阿尔·帕西诺而言，他的“写作”真的是对两者的统合。如果他可以写作，他将不会从事其他艺术门类。他毫不畏惧之前已经有 1 500 名演员和导演做过同样的事情，亲自改编，并亲自出演了莎士比亚舞台剧《理查德三世》，还亲自导演了《寻找理查德》。

当无人理解这到底是一部剧情片，还是纪录片的时候，帕西诺说：是娱乐片，是你从前从未看到过的阿尔·帕西诺。类型不重要，帕西诺只想做一种口味，是理查德之阿尔·帕西诺的口味。自己投资的电影自己就有

① 〔瑞〕阿拉斯泰尔·克朗普顿编著，邹熙译，《全球一流文案——32 位世界顶尖广告人的创意之道》，中信出版社，2014 年版。

从午夜遇见理查德三世的梦里醒来，在玫瑰战争末年惊起一身冷汗。

绝对的主权，激情与目标结合在一起，八种不同的剪辑也可以诞生。①

没有为什么，只从内心。如此恣意，恰是文案创意者所亟须的。一个文本或文案，不为他人而存在，不被激情所左右，就像帕西诺最喜欢的《理查德三世》中的一句台词："不，仅仅是一个需要。"

只是需要，无关他人，遑论人性。

创造最大范围的需要是文案的使命。

正如英国文学评论家塞缪尔·约翰逊所言：信誓旦旦的承诺是广告的灵魂，广告无法为一个人们不需要、不渴望拥有的产品塑造突然出现的使用价值。但是广告，以及一切好文案能够做到的是将原本埋藏在故

① 〔美〕劳伦斯·格罗贝尔著，刘洪良、道夫译，《一代教父——与阿尔·帕西诺面对面》，长城出版社，2011 年版。

事、产品等中的特点表现出来，点燃人们的欲望。文案人能够想办法把客户和世界以及他们真正关心的问题嫁接完成，结出转基因硕果。

对一个文案写手最大的褒奖是：面对客户，你不需要他们，而他们需要你。消费者是阿拉丁，产品是灯神，而文案就是神灯，擦擦就有神灵出现。

做过牛仔和管道工的莱昂内尔·亨特曾为默多克即将开张的航空公司——安捷航空制作文案。这是一篇长文案，尽管今天很多人都质疑长文案已经无人阅读，但浴巾不蔽体的空姐以维多利亚·贝克汉姆式的表情看着你的时候，你很难不去看看发生了什么。“If the hostess was out of uniform would you know which airline you were flying with ?”（如果空姐穿着便服，你会知道你正乘坐哪家航空公司吗?）飞机餐是航空公司的辨识，空姐的制服也是标志。过度同质化的市场竞争状况里，再美的空姐也千篇一律。不同的是，安捷航空这一次决定端上一桌刺身——注意细节却又来势生猛。

这个充满浓烈肾上腺气息的文案，虽然惹来颇多非议，但深得默多克的喜爱。

“一个人的态度和信仰我认为是特别重要的，人与社会、人与时代的关系很大程度上取决于你的主观心性。如何求证你的信仰，对待你的心灵，决定着你的一生。”编剧李樯如是说。“写作者的使命是什么？就是要永远捕捉、书写复杂人性中千分之几的那点儿东西。就像对待宇宙，永远无法摸清它的原貌，但我们永远在努力探索它的真相。”①

---

① 赵晓兰，《编剧李樯站在通往理想的钢丝上》，《环球人物》，2014 年第 26 期。

莱昂内尔做过牛仔和记账员，帕西诺来自纽约街头，李樯做过北漂，他们于各自的王国里将创意闹成了恣意。所谓人，所谓性，都来得如此狂放，又如此美妙。

视觉化当道的现代社会，各种符号充塞文案，勾引普罗大众的窥探欲，催生消费者的购买欲，是文案最擅长的翻手为云覆手为雨。而一个东洋杂货品牌却以彻头彻尾的“素”颜收服了人心。

生活，无须美化。现代人只想要上面有设计师签名的东西，在这里，连品牌标志都难觅踪迹。这样一种去品牌化，正是无印良品的品牌。无印是一个动作，和欲望喷发的文身相反。良品是一种态度，和低品高价的伪奢侈背道。

人和性从来是合二为一才能长久。世间不是只有黑白，灰色亦是正解。市场里不是只有高价的奢侈品和来自东南亚的作坊货，还有人的作品。

从烦冗设计当中脱离出来，人们往往营造单色生活、崇尚简朴的价值观。洛可可太纠缠，哥特太黑暗，现代主义又过于冰冷嬉皮。在泡沫经济的五光十色中，合理精简，还原生活和用具本来的使用功能，扩展用户自由发挥，使得所有消费者都成为阿拉丁。无印良品走过了经济的波谷，好似沉默的中年僧侣看着飞速发展中脱轨的世界。

我们都是信徒，跪拜朴素。

在原生的欲望面前，有人提供了一种节制。牛皮纸颜色带人回到你愿意想象的任何过去。它们扼杀诗意、删减辞藻、卸掉妆容，根本没打算把人们的欲望激发起来，性情和爱欲在这里无处安放。

但这绝不是禁欲。冰冷、呆板和乏味，以及仿冒的赝品带来的虚假气息都不是空气的成分。不是“这个好”而是“这样就好”。

无印良品报纸广告：“地平线”玻利维亚的乌尤尼盐湖，2003年。

无印良品的未来

称无印良品是一个品牌，不如说它是一种生活的哲学。

无印良品不强调流行感或个性……从未来的消费观出发来开发产品，那就是“平实好用”。

无印良品报纸广告：“自然而然就变成这样了”，2006 年。

在一致性中去寻求普遍性的道理，我们要以这样的方式去和自然融合在一起……不是年轻年老的年纪问题，更没有要与时代同步追求高科技的要求……品尝安全的食物，天天要睡觉，有时要旅行，会大声笑也会拼命哭的普通人……[1]

---

① 无印良品著、朱锷译，《无印良品》，广西师范大学出版社，2013 年版。

为人的生活提供创意智慧，时刻关注生态环境。换个角度说，这一次，世界各地的设计师们，不论是平面设计师还是文字设计师，都终于以面向高等智慧生物本身的日常而设计。

吃喝拉撒睡，放声笑，大声哭。从出生就能做的事情才是“写作”的对象。是人的本身，又何尝不是人的终极欲望。不求“这是我想要的”，但求“这是我需要的”。里面售卖的产品，静默诉说着人之共性。

“顺便问一句，无印良品的产品到底被渴求到什么程度?”

有人戏称：躺在无印良品的床上，会让人失去性欲。

只是看到这张床就已经见到上帝了吗?

无印良品艺术总监——原研哉

作为日本中生代平面设计大师，原研哉撰文《无，亦所有》诠释无印良品的品牌哲学：无印良品理念指出的是日常生活的“基本性”和“普遍性”。这一价值观在其后的日子里对于世界将会是重要的。我觉得也可称之为“全球理性价值”。

这是一个品牌对生活方式的入侵，也是文案对品牌定位的精妙控制。文案能够带来的是一种非实用主义的生活态度，促使人向着认真生活迈进。文案的书写态度是一回事，但如果没有品位所有文字都会是错的。

一个文案人的名气越大，其才华的表现似乎就只有80分。必不能是最好的，因为大众无法接受最好的东西。当写手出版一本作品的时候，把它交给其他人来监制，反而出现了一本最人性化的出版物。又如有人拍摄生活方式亲子真人秀，跑遍万里河山，团圆了光鲜的家庭，促进千万电视机前亲子融洽，自己却从没有时间看看骨肉。

照顾了别的人，就无法顾及自己的本性。这也是当下中国正在发生的一次别离。

现代中国，崛起的中产阶级追逐有品质的生活。

何为有品质的生活？什么才是有质地的生活？

似乎这样的预测与引导，大都由文案撰写人发布。有些夸张，绝非无理。

不同于史蒂夫·海登的版本，中国文案制作人对此略有调整：

如果你想成为收入优厚的文案，取悦上司；

如果你想成为很会得奖的文案，取悦评委；

如果你想成为伟大的文案，取悦自己。

因为你就是消费者。

消费者型的文案人很会取悦自己，但制作的文案却与小时代迎面相撞。

周末的愉快时光，又泡汤了。[1]

这则文案推销的是什么？对大客户，是生活；对小文案，是欲望。

泡汤的欲望也只是欲望。

没关系。

但又如何去爱自己？

“爱自己，就给自己在北京买一个五星级的家。”

这是一则位于北京五环外的一个楼盘发布的、洋溢着浓烈人性关怀的广告。显然，文案制作人并非它预设“关怀”的目标客户，如同奢侈品杂志的时尚编辑，拿着4 000元的薪水，推销着20万元包包的生活方式。谁比谁更不幸福？商业文案的成长环境接近荒漠，你必须先忘记自己的生活与自己的房贷，熬过低薪和无止境的加班以及客户的挑剔。

文案人只把自己代入是徒劳无功的，只能是翻版的小资见解，将

① 金版文案联盟著，《金版文案：学校不教的43堂文案课》，辽宁科学技术出版社，2011年版。

“爱自己”与一切消费理由挂钩，却无力描述人性与时代洪流，不过问是不是真的有“爱自己”的能力。哗众取宠的文藻，流苏一般，多余且无意义。

有趣的是，我们庆祝无意义。

北京五环外远不远，取决于重要的人在哪里。四九城里，爱才是奢侈品，城市太大，人太小，性情太稀薄，整整一万六千平方公里的一座城池，东边日出西边雨，15 年前此会同。南去北来人自老，桃花依旧笑春风。

商业地产具有的商业价值和作为一栋房屋应有的人文意义之间隔着无数个幸福的距离。文案，是一个人，或者一堆字，负责为商品“拉皮条”。为人写文案，洞察时代和自己，不沉迷虚妄，有说服力；为性写文案，技巧要高超，声色犬马，提供脑海里礼花绽放式的想象力。

电影《漂亮女人》中，茱莉亚·罗伯茨饰演的妓女从来不和她的客人接吻，只因母亲告诉她，接吻是一种亲密的行为，性却不是。

嘴唇的皮肤是全身最薄的，表面布满了神经末梢，具有丰富的感受性。

不论是生理刺激还是心理刺激，所有刺激都会回归到大脑皮质中枢，进行鉴别分类，这个过程将重新定义器官的性感度，它能让你的每一寸皮肤甚至毛发变性感。

女作家、作曲家埃塞尔·史密斯说：“人们说我是个自大狂。我只不过是个为自己斗争的女人。”写文案的女人，一度被人认为是“离经叛道”。实际上，所有优秀的艺术家都是离经叛道者。

“离经叛道”被人们定义为偏离社会正常的价值评价标准，对稀奇古怪、别致精巧的事物偏爱有加。离经叛道者具有非常突出的社会特质，是投入的“局外人”。与传统价值观背道而驰的文案人，能够扮演一只“特立独行的猪”，也可以成为一只甲壳虫。从幻觉的视角，观察时代和生活。

坚持离经叛道的生活态度，并不是为了离开而离开。与走入歧途相反，生活道路和文案可以相得益彰，追求自我价值和人的极致。人生最大的任务就是对自我认同的孜孜以求，这才是爱自己的真正方式。

文案是一场游戏，将对自我的认知和对人类、人性的了解纳入规则。骰子抛弃的瞬间，你的筹码已经开始流失。人性认知和自我发觉行走于字里行间，意识流女作家伍尔芙就是个中高手。《奥兰多》中，惊情几百年历史变迁，奥兰多发生了性别的改变。这部小说曾经被认为是“世界上最长、最动人的情书”，奥兰多是一个男孩的时候，喜欢的是女人；成为女人之后喜欢的是男人。对于奥兰多来说，追随爱情，是自然而然，也是社会惯例所无法阻挡的。在社会眼光与人类本性面前，弗吉尼亚·伍尔芙选择了人类的本性。

然而，“双性一体”的理论，使得奥兰多身上模糊的性别引人注意。“尽管男性与女性并不相同，两者却是相交的。每个人都在两性之间摇摆。”① 21 世纪，奥兰多成为一位作家。诗意的存在，消磨了性别的界限，为对人本性的回味提供了最大的坦诚。

在“死亡”章节里，奥兰多是个青涩的年轻男子，与苍老枯竭的伊丽莎白女王相比，他年轻、帅气、青春。女王且殷切希望他“勿褪色，勿憔悴，勿衰老”。而文案人，在互联网的大潮中，很少有只专注一个知识领域进行表达的。就算不是字字珠玑，年复一年下来，文案人也能

① 〔英〕弗吉尼亚·伍尔芙著，林燕译，《奥兰多》，人民文学出版社，2003 年版。

当奥兰多发现自己变为女性，并不惊讶，她说“Same person, no difference at all, just different sex.”（我还是我，一点都没变，只是换了性别。）

够接触社会的各行各业、各色人等。“天下之事，二三百年一成不变，唯有些许尘灰、几只蛛网，一位老妇人半小时就可以抹净。”在自己的笔下演绎别人的人生，同样长度的人生，文案人过得比普通人更细腻、更有滋味，实现了质量上的更长久。

为人还是为性，辩证无答案。同样一个故事，有人看见圣女贞德，有人看见潘金莲。有人觉得是卡萨诺瓦，有人说是柳下惠。文案人自视为上帝，看见前因后果，指挥人物命运，影响世人。

人与性的认识，需要看透一切的火眼。

文案人只好放下屠刀，立地成佛。

佛无性别，亦人亦神。

请勿做死，最好作死

做，也许会硬。

作，可能就软。

创意中的“设计”也显然不是“做作”两个字就可以生成得了的。

美国广告首席创意指导乔治·路易斯(George Lois)为《时尚先生》（*esquire*）设计的封面：我的封面展示了，如果正确的荷尔蒙长到了错误的人身上，人类（当然也包括女性）将会看到什么。

硬广与软文都是文案的滋生地，因为它们都需要通过图与文发生关系来实现营销与传播。美籍希腊裔广告人乔治·路易斯被誉为最具天分、最叛逆另类的创意总监，他自己坚决不同意把他为《时尚先生》所做的工作，叫作“设计”！

我从来没有为《时尚先生》“设计”过一个封面。最糟糕的出版社封面，甚至一本设计家年鉴的封面，永远都是那些被“设计”出来的东西。一本杂志的脸上，根本不应该有“设计作品”的位置。设计是多种设计元素的协调，而封面是一种表述。封面应该产生视觉刺激，发出挑战，引起兴趣，产生诱惑，设下圈套，抓住人们的目光，激起人们的兴奋，使人愉悦，让人激动，令人震撼，把人激怒，驱使人们被引诱，给予人们激励。它应该标志不可抗拒的精神力量，将其传达给读者，它应该俘虏读者。①

互联网时代，人们比做买手更擅长的是写手，比做写手更擅长的是做淘宝店店主。网络软文通过文案作法，发出购买号召令，诱惑买手的声声点击，彻底消除“下蛋（单）”障碍点。

全球知名团购网站 Groupon，其重要业务团队之一是面对 Groupon 会员的写手和编辑们。如何写出吸引人的文字，让消费者在半夜也能疯狂下单，靠的就是写手的“作”风。Groupon 写手中，40% 的人之前有过当记者的经验。倒金字塔的表达方式，第一句就让人瞪大了眼睛。②

在淘宝上开一家虚拟地址的店铺，并不是向全部的几亿用户兜售概

---

① 徐智明_ 86109m 博客，《不要“设计”》。

② 孙进，《Groupon 的秘笈及烦恼：在华三大问号》，《第一财经时报》，2011 年 3 月 24 日。

念。在开始向目标受众——买家、观众、暗恋对象，打开你的情书和爱意之前，要好好想一想他们是什么样的，是否正在家里捧着一杯热茶，神情专注地看着晚八点档肥皂剧。

比基尼杯，色色的温暖。

文案节省了网站的流量，同时也给半夜逛电商的寂寞者一个想象的空间。他们在自己的脑海里抚摸面料，想象自己穿着使用时的场景。半夜点击购买，以为梦里能够春意无边。

一个不凹造型会死星人

在周三上班的路上被一条墨鱼很贱地喷了一身黑

路边的一个绘画老匠人不忍心看下去

给她画了一条漂亮的裙子

——某淘宝店的连衣裙文案

而最爱凹造型的苹果，广告文案都是短到不能再短，每次就只给这么一点点甜头，却让人欲罢不能。短小精悍的文案，除了广告，也同样适用于学术文章以外的一切文字。

不学术，不等于不学无术。要知道在观者眼中，一个 6 字长的外国姓氏，就是阻碍他们把故事看到下一段的直接原因。不要胡诌那些奇怪的专业术语了，假装学霸有什么意义呢？薛定谔的猫还是不知死活，小作怡情，大做伤身。

做与作之间的暧昧界限，是午后 3 点。

午后 3 点是一个暧昧的时刻。不是清晨早饭的做法，不是夜晚酒吧里的做派，是一天里最容易受到“攻击”的柔软作风。贵族淑女会在午后 3 点的阳光里，轻轻啜一口浓茶；中产小资女会在午后 3 点的办公楼下，以高跟鞋为烟灰缸，点一支烟。就算没有成为爱情的庸俗脂粉，下午 3 点的暖阳也会让你爱上自己。

自恋就是作的开始。

没有一个文案人不自恋。

这也难怪，除了他们本身，我们也会觉得自恋型的人很迷人。反过来要求一个文案人不自恋，那结局只有两个：要么流于平庸，要么死路一条。文案人的自恋是必需品，是生产文案的作坊。如果不能爱上自己的文案，文案如何去引诱他人？

作家新解。寓言新作。

小时候分不清“做作业”如何写，成人后依然分不清做与作。

做死太痛，最好作死。

“所有的阅读都是误读，所有的了解都是误解，所有的阐释都是假释，所有的经过都是错过。”

文案和文案人，是伪学霸，真矫情。盛产文案的流行是穿着美学里的霸权文化，是一种合法的坏品位，是不做不爱。

上天猫，就购了！

亚洲最大的综合性购物平台 Tmall. com 发布了新版文案。从小商小贩里脱胎换骨，给你一千种花样作死的机会。

真的购吗？真的不够！

在许舜英文案的知识谱系里，她只许你上瘾，不许你动心。

STELLA LUNA广告文案：人类对性感的三大发明
不要让你的上半身配不上一双有深度的鞋，
完美的比例往往不是数字而是一种化学作用。
九头身的魔法在缺乏一双正确的鞋的合作下将会完全失效。
用脸孔及身材迷惑男人的女人还未想清楚是什么创造了一种高度的昏眩。
毕竟没有一件衣服可以让165公分的女人拥有170公分以上的骄傲。
小心不要让你的上半身配不上一双超级厉害的鞋子，
经过数百道繁复工艺思考的鞋如何能容忍美丽是肤浅的，
美丽的制造者从来不是那些衣服，不信你脱下你的Stella luna看看。

鞋子与脑子一样重要。用鞋子征服男人，用脑子征服世界。这是文案人的逻辑观。只是，怎样做，美丽才不肤浅？“女性生活杂志”未必是个好答案。

文案与媒体天生一对，相爱相杀。对此，许舜英无观点，只是在《女性杂志与宽容的共谋》中提出了“女性杂志”十问：

问题1：为什么女性解放老是解放不到女性杂志呢？

……

问题6：上帝啊，请告诉我为什么打扮、穿衣服这件事必须占据一本女性杂志三分之二的篇幅？我的确怀疑时尚对女性而言或许是另一种阳具中心论或理性中心论的登场。

……

问题8：为什么女性杂志里的女人总是从“不要”到“要”，而不是从“要”到“要”，或者从“不要”到“不要”，或是从“要”到“不要”？

问题9：女性阅读男性杂志，除了偷窥的欲望之外，还有一种试图透过操弄及熟知权力机制运作系统来达成或取悦或利益分享的启蒙策略；而男性阅读女性杂志，除了偷窥以及不耐烦之外，还有什么？①

……

有女明星出镜的杂志封面。

① 许舜英著，《大量流出》，广西师范大学出版社，2013年版。

每一个月，每一个星期，路过报刊亭，打眼一看都是女明星的硬照。不论杂志报纸的对象是男性还是女性，女明星都有出现在封面的时候。杂志硬照，单色背景，只能看见她头上的发型、脸上的妆容和身上的衣服，呈现除了她自己之外的一切。为使读者心向往之的同时能够掏出钱包，杂志列出女星身上的一件件衣品的名称和价格，只差告诉人们“往前走左手边第二排的架子上就是了”。

这不是硬广，甚至不是软文，服装品牌没有花一分钱。这不是做作，每一个出现在页边页脚的小小品牌注释，都是硬生生地进入。女性杂志以一种迷幻药式的做法，暂时抹杀了每一个个性。小编和总监是一样的，女明星和路人甲是一样的，龅牙妹和整容女是一样的。“遇人不淑不见了，阿妈不见了，女巫不见了，女作业员不见了，姊妹不见了，盟友不见了”①。

有硬照，有没有软照？街拍、生活照都是“软照”。“软照”给了消失的生活环境、人际关系的重现机会，但也仅仅是个机会而已。镜头不再聚焦在明星身上，画面内容更丰富，文案与图片配合展现一种美好而“昂贵”的生活幻境。文案简单矫情，杂志随时拿起，也可以随时放下，读时同交欢，看后各分散。

我们的确好奇阅读女性杂志的女性，应该怀着怎样一种心情来看待这其中的图景。

也许是硬照插入观众的眼睛，也许是“软照”春风化雨营造使用场景的幻象进入大脑。女性读者被成功占领，男性观众仿佛看见了敌对势力的战略布局，偷窥之余，暗暗发笑。

---

① 许舜英著，《大量流出》，广西师范大学出版社，2013 年版。

女性杂志

女性主义的历史，从最初的两性关系中女性是附属品、家庭主妇，到“二战”后的自我解放，走上职场，参与政治文化生活。“心理上的单身”成为女性忠于自我、做回自己的不二法宝。

但是，最好做“她们”，而不是所谓的“自己”，这是女性杂志对于女性的告诫。

通过“让读者感觉不称职”来兜售服务性内容几乎是所有顶尖女性杂志的做派，其做法甚至可以概括为一种公式——“你一定有这么一个问题；要解决这个问题你必须做几件事；如果你听从我的建议做了那些事情，你一定会生活更加幸福”。几乎是一加一等于二的神逻辑，与兜售上升星座命格论的骗局无异。

《VOGUE》（《时尚》）杂志封面

无论做不了自己，或者做得了自己，幸福、快乐、美貌，是每个女人都想要的。

每一期女性杂志的封面都是一则很具杀伤力的文案，它兜售的其实就是以上三者，只不过更多的是营造假象，催生幻象。杂志里的生活，再怎么立念存真，最后也不过是个证伪的过程而已。

女性杂志在美国出版业中占据重要地位——女性杂志是第一种发行量超过百万份的期刊。

《时尚》被认为是最性感的女性生活杂志，倡导“女性有权享受性，谈论性”。20 世纪 60 年代，在海伦·布朗编辑方针的领导下，《时尚》向妇女发出了在当时较为激进的口号：“勇敢地生活，在你生命的每个领域中，你都能做到最好!”，她贯彻了“女人应该努力改变自己从而取悦男人”，这一定位居然取得了巨大的成功。

《时尚》执行主编说：“《时尚》迎合 18 ~34 岁单身女性以及在心理上单身的已婚女性。”

《BARZAR》(《芭莎》)杂志

《BARZAR》(《芭莎》)杂志执行总编辑说:《芭莎》上的一切必须典雅。[1]《芭莎》的封面女郎会穿上晚宴的礼服,展示真正的时尚和典

① 王栋著,《对话美国顶尖杂志总编》,作家出版社,2008 年版。

雅，以及背后的生活方式。

无论新潮，还是典雅，主编们要的封面皆趋于一种模式化。封面上的明星经常出现重复，“美丽而有品位的明星毕竟有限，因此会出现同样的人”。杂志社之间人员的相互流动也带走了同样的问题，一句口号就能承包整个报刊亭。为了突破模式化，她们也在试图创新，《芭莎》曾经在封面上附着了水晶石颗粒；也曾一期杂志出现 3 种封面版本，希望借此引发讨论。

为了封面文案能吸引眼球，增加销量，主编们用心良苦。他们从不采用高难度的内容，尽量用短的描述和浅显的内容，仿佛世界一半的人口从来没有机会接受高等教育，无法理解最新款的特斯拉和 iPhone 的特点。讽刺的是，《芭莎》的目标受众正是这些产品的购买者。

“任何一本娱乐性的杂志，其提供的东西都会有逃避和幻想的元素。”女性杂志中社会问题报道稀缺，而这“稀缺”的一小撮，还停留在对于现象的简答描述。“描述而不预测市场”，不对未来做承诺，而是倡导及时行乐。

“年轻的女性们比较缺乏安全感，她们往往需要求助于一本能告诉她们更多，为她们代劳做很多决定的杂志。”《*GLAMOUR*》（《魅力》）的主编直言不讳，“读者并不知道自己要读些什么……读者希望你超越他们一步，希望你经常性地教育他们，取悦他们……。”科技发达的今天，知识的获取和积累已经不再是从传统媒体那里填鸭式地获得。女性杂志这种“白莲教”教主一样的“作态”，将女性物化的“做”法，全部重新审视。①

1927 年，德国导演弗里茨·朗执导的表现主义科幻默片《大都会》，描述了 100 年后的世界——2026 年，人类被分为两个阶层，生活

---

① 王栋著，《美国顶尖杂志总编访谈》，作家出版社，2008 年版。

在两个截然不同的世界——权贵和富人都住在梦幻般的富丽大厦里，每天过着享乐的生活；而贫穷的工薪阶层则长期被困在幽暗的地下城市，与冰冷的机器相伴，过着劳碌辛苦的人生。[1] 导演弗里茨·朗成功预言了信息科技发展与伦理的冲突。《大都会》是不朽之“作”，在此后近一个世纪的时间里不断翻拍，预言正在上演。

电影《大都会》海报

---

① 来源于维基百科词条：《大都会》。

在电影中，我们注意到，促成“智慧与劳动用心结合起来”的胜利之人，正是一个面容姣好的女性角色——玛利亚，她促使调停者法迪带着管工与城主菲达逊一起握手言和。

科技再发达又能怎样？两千年来还是要靠圣母玛利亚。

2026年已经不远，而女性杂志，她们是来解放女性的，还是将她们带向另外一个死胡同？杂志没有带来安全感，科技也没有带来安全感。

但安全感是什么，好吃吗？

美食，可以为女性制造相对廉价的安全感，也易招致比糯米丸子更难消化的感受——内疚。内疚能够燃烧掉的“卡路里”超乎想象。

图书《一切取决于晚餐》封面：非凡的历史与神话，吸引与执迷，危险与禁忌一切都围绕着，普通的一餐……

作者玛格丽特·维萨出生于南非，古典文学博士。她形容自己是“研究日常生活的人类学者”，餐桌上的食物、餐桌以外的礼仪都是她关注的焦点。“We are what we eat”（我们吃什么，决定我们是谁）这句话不仅具有生物学意义，在文案上同样适用。食物有食物的菜谱，文案有文案的做法。

在维萨的笔下，每一个短句，都可以被制作成一则很棒的广告文案：“玉米：我们的母亲，我们的生活”、“盐：可吃的石头”、“大米：有灵魂的暴君”、“冰淇淋：冰冷的安慰物”……粗暴描绘食物“入口即化”、“口感绵密”是低级做法，听多了只会反胃。将食物的日常上升到哲学层面，才是用心之作。作了自己，也作了别人。

不就是吃吗？但吃吃吃，绝非那么容易浪得余味。

尽管普遍意义上的美食节目已经在电视上生存许久，每次不是寻找炒肝就是教人如何勾芡，屏幕都泛着油光，让人打个饱嗝，急需一口清茶，刮刮油水。

《舌尖上的中国》热播，余温尚未散尽，同名图书即上市。“5 月 31 日拿到纪录片播出脚本，6 月 1 日完成视频截图和插图挑选，6 月 3 日完成书稿编撰和美文选编，6 月 7 日完成排版设计，6 月 8 日完成三审三校并送审样书，6 月 11 日下厂付印……”，一个月不到的时间里，为了打造一则有味道的图书文案，出版方凤凰联动以微博的方式在网络公开征集文案，网名“念才的作家念灿华”中标：自然经手，文化过喉；舌品天下，胃知乡愁。十六文字与张发财的海报相得益彰，一时间，赢得满版风光。

图书版的《舌尖上的中国》是为了“别让美好仅剩回忆”，将影像保存、扩展，通过文案的运作扩张“舌尖上的中国”的疆土。美食的味道为人类重新搭建巴别塔提供了共通的语言。

电影《朱莉和茱莉亚》根据朱莉·鲍威尔的著作《美味关系：朱莉与朱莉娅》与朱莉亚·查尔德的著作《我的法兰西岁月》改编而成。电影中，通过另一个人的文案，加入自己的作料，两个文案重新被制作，合二为一。食物是其中的缘由，亦是文案灵感的来源。人们通过食物获得饱腹感，通过“制作”的过程，获得满足。一箪食一壶浆，文案的做法，其实非常简单。

拜伦在《唐璜》中说：自从夏娃吃了苹果，一切取决于晚餐。

是的，一切取决于晚餐。女人们能否钻进 XS 号礼服，也取决于晚餐。

心理学家说：心和身体，总有一个在饥饿。

相信作女们会选择后者，作男们则会选择“半饱”。

半饱：生活高潮之所在。

在华文圈，欧阳应霁是“一个不甘心因此也不容易被标签定位的创作人”，“迷恋文字与图像的跨媒体导游”，[①] 这真是对文案高手们工作

① 欧阳应霁著，《半饱：生活高潮之所在》，生活·读书·新知三联书店，2004年版。

“作”风的生动定位。熟悉文字，也亲昵于图案。厨房的刀叉挥舞与键盘上手指的跳动一般灵活。

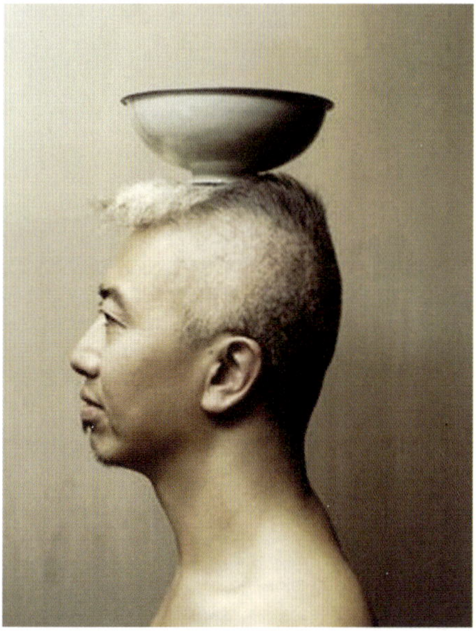

无饿不作

一个贪嘴的人，定是要吃到“饭醉”，才肯罢休。工作日的午餐也要吃个十分饱，不考虑昏昏欲睡带来的丑相。七分饱，身体好。可真正的“作家”，只肯要半饱。保持半饱，保持清醒。由此带来的饥饿感促使对下一顿饕餮的期望，主动掌握做饭的权力，获得生活的主动权，而不是由苍蝇馆子的厨师决定今天有多少地沟油要被你摄入。身上的每一个细胞都来自美食的滋养，被半饱锻炼。

作家的胃里只有“半饱”。另一种必需品——爱情，也只有一半甜蜜——半糖主义。口水歌里描写的爱情主义，“爱来得不容易，要给彼此多一点点空间才能呼吸”。若即若离之间维系现代都市人的平衡主义，短暂别离为了更好相遇，自由空间里游走更多乐趣。有多少温柔，何必一次都用尽呢？

半饱，其实更贪心。半糖，其实更温柔。这是一出“作家”养成记。

他们天生不一定会做，但一定需要去作。

写文案的要点是什么？“首先，也是最重要的，动笔的冲动像性病，一定要躲开它。”尼尔·弗伦奇这样说。这位在失业与就业间不断往来的广告文案人，用30年前摇滚信徒的心态在现代广告公司里横行。

他阅读简报过后不是动笔，而是先和女人玩乐一会儿，打打台球。打开一支红酒后，这才开始考虑广告。美丽的单词和短语像气泡一样冒出又破灭。叮当作响的杯子会自己作曲。醉了就睡觉，醒来时还能记住的一切，就是新鲜出窖的原浆纯酿。读者们这一口下去，只有满足地喟叹。

比起更物质、更粗暴、更直接的高潮，唯有文案能带给创作人复合的、优质的、情商度更纯的高潮。

而那些举着红酒的寂寞贵妇人啊，就成为“工作日午后3点的恋人”。偷情到了21世纪，依然有着夕阳一样染血的魅力。本是基于动物属性的行为，因为违背社会属性而被禁锢，因此具有了“不道德”的美。

日剧《昼颜》带来的就是这样三观尽碎而无言以对的文案。它源于1967年由凯瑟琳·德纳芙主演的法国电影《白日美人》，可见这是个全人类开放式命题的文案。“男人总是很狡猾。自己敲了门，却从不会自己去开。除非女人打开大门，温柔地告诉他在这里。否则，他就会装作没事，径直远离。如果是禁忌之门，就更是这样了。”①

但观众希望忘记道德束缚，单纯地直观欲望本身。编剧井上由美子

① 根据日剧《昼颜：工作日下午三点的恋人》台词整理而成。

坦率地把不伦和主妇心理都摆到了台面上，这是好莱坞编剧永远找不到的细腻，女人的欲望被编剧萃取成结晶，再放进榨汁机里打碎成夏日缤纷果汁。

夏日的蝉鸣不停，仿佛欲望不能满足。夏日里骑单车穿过城市，大汗淋漓似乎比空调房更解脱。

情妇的虚拟与真实，是一种肉体和荷尔蒙交错的放逐。“重点在于，当婚外情不再被激烈拷问……每个人都成为一个潜在的情妇。”① 更大规模的存在，剧本自己写，场景自己设，不作就无爱，不向着危险的夏日进发，就永远心生荒凉。

电视剧《昼颜》剧照

夏天有红酒，有果汁，但夏日特饮只有一款：凉白开。没有佐料，没有做法，只要等待高温退去。

① 许舜英著，《大量流出》，广西师范大学出版社，2014 年版。

让低潮来得更彻底些吧，它带给 Breaking Bad 的一定是高潮！

化学老师沃尔特·怀特（Walter White）中年沉到了人生最低谷，面对厄运，他以制毒的做法将自己的命运推向一个又一个失控的高潮。

教师与制毒者的双重生活，是正与邪之间的挣扎。

电影《绝命毒师》：与制毒科教片仅一步之遥。

善良但病怏怏的化学老师变成了彻底堕落的大毒枭，沃尔特命运的进化论，使得沃尔特·怀特（Walter White）成为电视史上最生动的角色之一。

如同广告文案人对“更多高潮”的渴望，编剧吉里根的目标是：不停地让观众大吃一惊。

在他的笔下，似乎没有 Boss 级的角色，他喜欢冒险，不走常规路，并提醒观众不要变得自满。角色每一集都在发生变化，而编剧只负责生，不负责养。始终对于结局保持开放态度，而不是在五六年前就想好

文斯·吉列根

它，是个绝顶明智的选择。回想我们看过的那些长篇剧集，哪一个结尾不是让你想把屏幕砸碎。

吉利根仍在《X档案》团队中，当这个科幻剧集来到备受期待的结局篇时，作为一个自我描述为“一周一怪兽”（monster-of-the-week，每周剧情独立）的家伙，吉利根说他从不需要担心阴谋设置是否前后呼应这种问题。①

吉利根秉承了一种传统的价值观——恶有恶报。尽管他笔下的人物都充满了人生的矛盾和许多无奈选择，但对因果报应的向往不会用在这个他一手建立的世界上，而观众也不允许：“非常奇怪，从道德上来讲，我没有感到任何切实的、要主角受到惩罚的压力。”

吉利根最心爱的描述沃尔特堕落的方式之一是，他从一个终生奉献

① 《〈绝命毒师〉执行总监：不得不说的十件事》，人人影视网。

给教育事业的好老师变成了涉黑犯人，沿途有许多“教父”的成分。在第五季中，沃尔特关上了杰西面前的车库门，很大一部分和电影《教父》中教父迈克尔（Michael）把凯（Kay）骂出办公室有异曲同工之妙。“我们从他们那儿无耻地抄袭，”吉利根说，“我们总是在问自己，怎么才能和《教父》有所关联？最终，我们也许能给出一个更明显的致敬。”①

吉利根构思的人物都真实地生活在他的脑海中。因为有了他，我们能够一步步体会沃尔特破坏一切规矩的心情。也许，沃尔特正是吉利根内心错乱的某种映射。他完全没按任何规则出牌。

规则都是给平庸者设立的。将规则打破是文案人的惯常作答。

Netflix用整季播出的策略打败传统电视网周播的传统模式。能够一气呵成地欣赏一部剧集，是首席内容官萨兰多斯坚持以用户为中心的决定，“要么做大，要么回家”（Go big or go home），他用自己的切身行动，打破了互联网电视业的传统规则。按照电影的标准投入制作电视剧，几百万美元制作一集，如此大手笔带来的是与往日老旧电影电视内容下载形式的告别，使他们成为“顶级新剧”的文案制造者。《绝命毒师》和《广告狂人》的生产厂家AMC，也是勇于接受“窄而告之”的内容，只为高学历中青年男性提供片子。而社交网络上一石激起千层浪，将这些背道者和花样作死大赛冠军推向舞台中央。

名不见经传的启明工作室出品了《神偷奶爸》，无惧动画长片领域迪士尼和皮克斯的强强联手。54岁的梅勒丹德利在2007受环球公

---

① 《〈绝命毒师〉执行总监：不得不说的十件事》，人人影视网。

电影《神偷奶爸》男主角格鲁——从惊天大坏蛋到超级大英雄。

司之邀创立并掌管启明工作室前，曾是20世纪福克斯公司动画电影部门的创立者。在纽约上东区度过的童年时光和父母的影响是他做事果断沉稳的来源。梅勒丹德利说："如果你既不敢承担风险，也不敢打破常规，那你肯定做不出很棒的电影。打破常规，不拘一格，在我看来，这正是吸引人们走进电影院的魅力所在。"①

"改善社会风气，疯魔万千少女，提高青年人内涵，刺激电影市场，玉树临风的整人专家！"喜剧因素和低俗的段子，周星驰的电影总是难

① 《好莱坞的规则破坏者们》，科讯广电网。

登大雅之堂，他从来不愿意配合人们的想象。他只愿意说自己是“电影工作者”，演过50多部电影，手持导演的话筒，编制了一代年轻人的反逻辑话语——自作聪明、不屑、无聊和反智。对于每一个细节的掌控和高度投入，逼疯了合作者，5秒钟的镜头，因为偶然想起的莫斯科音乐，就要工作团队去找出来、买回版权。也因此他沦为“很难搞”，20年来唱衰他的声音比他的票房神话还要持久。但周星驰依然清醒，“我不是一个艺术家，只是一个拍电影的人”。华人电影圈里，相信再没有比他更作的了。

何必“德艺双馨”，前辈更不靠谱。为什么不能对细节斤斤计较？为什么不能爱钱？为什么不可以不爱文案？日常又突兀的文案人，只爱发呆，从未失态。

聪明但不自以为是，有趣但不哗众取宠，黑暗但不是深不见底。

抵抗不了命运，就与它化学。

征服不了观众，就和他玩笑。

发扬《绝命毒师》的作风，让金钱、优越感都一边去。

我喜欢这么做。我做得很好。

这才是大神作！

文案决定一切，切！

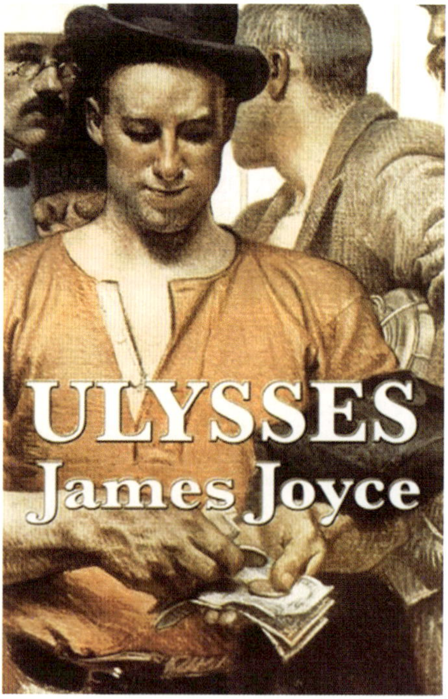

“我在《尤利西斯》里设置了那么多迷津，它将迫使几个世纪的教授学者们来争论我的原意。”詹姆斯·乔伊斯说，“这就是确保不朽的唯一途径。”

100 个人中没有 10 个人能读完《尤利西斯》？

读，或者不读，仅观摩其书的目录，俨然是怪诞之极、创意之魅十足的长文案，令人无法卒读，却处处布满机关。乔伊斯将全书区隔为18章，以一个小时为一章。

最后一章整章前后只有两个标点符号。

上午10点

布鲁姆化名弗洛尔，与一名叫玛落的女打字员交换情书……

上午11点

布鲁姆乘马车去墓地参加迪格纳穆的葬礼。他又想到自己不过是一个广告经纪人，一个漂泊流浪的犹太人。布鲁姆心中无限凄凉，甚至想到死亡，但马上又自我解嘲，回到现实中来……

下午1点

布鲁姆走进一家廉价的小饭馆，这里既脏且乱，人们在狼吞虎咽，丑态百出，吃相十分难看……

下午2点

斯蒂芬在图书馆里对评论家和学者发表关于莎士比亚的议论……①

……

在李欣频那里，离家出走，离开办公室出走，意识流从都柏林流转到21世纪的台北。而奥德赛行走两千年的故事，花费多长时间等待、离开与回归，最终都为了等待的妻子、儿子、家庭——你的一切。

尤利西斯与诚品书店，算得上异曲，称得上同工吗？

文案之精妙有趣在于，每一个字都可以被重新抄写，但从不会被抄袭。诺贝尔文学奖得主威廉·福克纳在一堂写作课上说，借鉴没有任何

① 〔爱尔兰〕詹姆斯．乔伊斯著，萧乾、文洁若译，《尤利西斯》，译文出版社，2005年版。

台湾广告人李欣频为诚品书店南京路店写的文案：记录一段出走后的私生活

上午 11 点 50 分　胆固醇过高、胃肠长期欠安，
离开排骨便当，基于自保的理由，
改吃淡口味的日式料理是健康的。

下午 2 点 30 分　旋转木马式的偏头痛，没有咖啡因的焦虑，
丢开工作效率，诚品咖啡和你的办公室恋情小小出轨

下午 4 点 20 分　档案过量、享乐含量不足，离开 26℃ 的冷气，
优根芙丝的冰激淋，和你玩一场不设防的清凉游戏。

下午 5 点 30 分　老是闯红灯的欲望，下班即是解严，
用 MANDY'S 的公文包提书香，是一种比爱还危险的勾引。
功率过高，焦虑过夜，办公室竞技场上人心茧居，不适者也要生存。①

---

① 李欣频著，《诚品到作用》，电子工业出版社，2007 年版。

过错。相同的文字，复制的思维，仍然是不同的调性。文案与文学，无法像黑白一样分清，总有中间道路可走。文案无法一刀切开与文学的关系，也不能决定一切文字的价值。

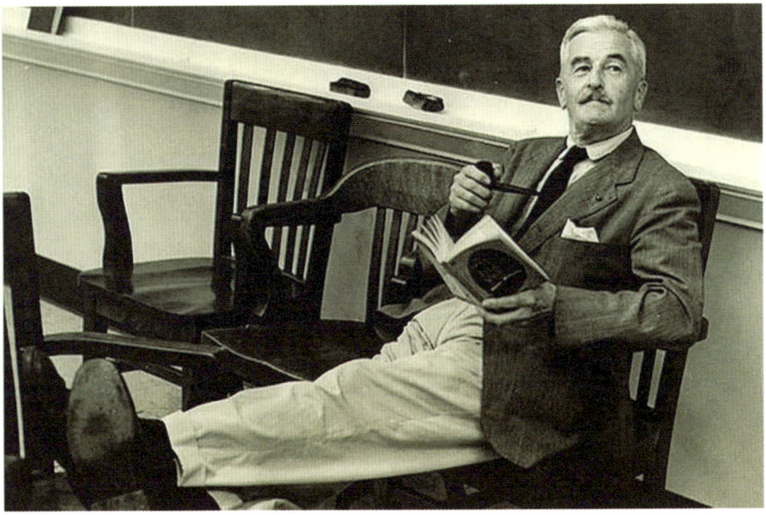

威廉·福克纳

威廉·福克纳在一次采访中表示，最优秀的作家都是贪得无厌的。文案的价值太高，文案的价值也太低。99% 的勤奋叠加的不是 1% 的天赋，是 99% 的天赋、99% 的自律、99% 的工作。当我们在讨论为谁写文案这件事的时候，我们在讨论的是关于人生、世界的一切。

文案从不向任何人靠拢，文案决定了自己世界的一切。

文案，路过所有人的全世界。

在 20 世纪 30 年代之前，也许上图是对《尤利西斯》最具煽动力的平面推广文案。

因为“性”的缘故，在梦露没有读到《尤利西斯》书之前，这部

玛丽莲·梦露也喜欢《尤利西斯》。

构思酝酿了10年又动笔写了8年的伟大作品，被视为“淫秽之书”，在美国还被列为禁书。一些出版公司愿意为作者出版删节后的单行本，但乔伊斯宁愿不出也不肯修改一个字。

法国莎士比亚书屋的经营者西尔维亚·比奇，一个定居巴黎的美国人，对现代主义文学有着狂热的爱好，把莎士比亚书屋经营成了一处现代主义文学的圣地。庞德、艾略特、海明威都是莎士比亚书屋的常客，乔伊斯更是比奇的好朋友。莎士比亚书屋初印了1 000本《尤利西斯》。

乔伊斯对此的反应是："只怕你们一本也卖不出去！"

自诞生之日起，《尤利西斯》在欧洲富有争议地流行，吸引了一众名士为它制作各种版本的文案，或高扬，或贬低，但这些文案只是一个区域内的碎碎念，是兰登书屋的创办人、杰出的出版人贝内特·瑟夫将这些碎碎念整合成了促成超级畅销的高阶文案。

我花了三年时间才读通它。我很感激你写了这么一部大书，我从中获益不少。但我大概永远不会说我喜欢它，因为它太磨损神经，而且太晦暗了，我不知你写时心情是否畅快。我不得不向世界宣告，我对它感到腻烦。读的时候，我多么抱怨，多么咒诅，又多么敬佩你啊！全书最后那没有标点的四十页真是心理学的精华。我想只有魔鬼的祖母才会把一个女人的心理捉摸得那么透。

——心理学家卡尔·荣格

贝内特作为一个大出版家的眼光和气魄在此刻充分爆发，他提前了解到乔伊斯在美国的出版事务并不顺利，在巴黎拜访乔伊斯时，一出手就是1 500 美元。同时和乔伊斯打赌约定，获得了乔伊斯本人的全面支持。

胸有成竹的贝内特除了良好的文学品位，更精通商业。为了由法庭确认《尤利西斯》的合法地位，设置好了重重关卡，请君入瓮。说服"他和我一样喜欢出风头！"的大律师莫里斯·恩斯特免费辩护。选定素来持有自由主义文学主张的约翰 . W. 伍尔塞法官，提高胜诉把握。

因为美国法律规定，不能把法庭以外的文学评论作为证据，于是他们在一本巴黎出版的《尤利西斯》上贴满关于各类好评的纸条，以至贴完之后，整本书都鼓了起来。为了让这本贴满评论的《尤利西斯》成为呈堂证供，还必须让这本书被海关没收，于是贝内特请出版社代理人把这书带去法国，再从法国带回纽约。这一部精心准备的《尤利西斯》，终于成为开庭时的证物。经过一番法庭辩论后，伍尔塞法官为此书写了一篇著名的判词。

“《尤利西斯》可以进入美国。”法锤落下，美国人以特有的法律智慧，为一本貌似“淫秽”的文学经典打开了大门。

1934 年 1 月，《尤利西斯》在美国公开出版。更妙的是，贝内特将法官伍尔塞里程碑式的判决书放进了书中。法理的逻辑和文案的精妙结合在了一起，这也许是出版史上最为独特的营销文案！

伍尔塞法官写道①：

……

《尤利西斯》在文学界的名声使我有理由花时间来检验本书的写作动机，因为一部书被判为色情，当然首先要判定它写作的动机是色情的——也就是说，是以利用淫秽获利为目的而写作的。

……

但是《尤利西斯》尽管过分坦率，我却没在书中任何一个地方发现好色之徒淫荡的目光。所以我认为它不属于色情作品。

……

此外，《尤利西斯》是一部令人惊异的杰作，不是一本很好读的书。它既精彩又枯燥，既可以理解又十分晦涩。许多地方让我觉得恶心，但是尽管它包含许多通常认为污秽的字眼，我却不认为它们是为了污秽而污秽的。书中的每一个字都像镶嵌在一幅画作上的细节，呈现在读者的面前。

① 〔美〕贝内特·瑟夫著，彭伦译，《我与兰登书屋》，人民文学出版社，2007 年版。

如果有人不愿意跟乔伊斯描述的这种人打交道，那是他的个人选择。为了避免同他们接触而不去读《尤利西斯》，是完全可以理解的。但是像乔伊斯这样一位真正的语言艺术家力图为一个欧洲城市的中下层画像，难道美国人民看那幅画也是非法的吗？

……

我注意到《尤利西斯》里的一些场景对一些敏感的正常人来说的确有些来势凶猛。但是经过深思熟虑，我认为尽管《尤利西斯》一书中无疑有多处给读者留下有些令人作呕的印象，但却丝毫没有煽情的倾向。

综上所述，《尤利西斯》可以进入美国。

美国地方法官约翰·伍尔赛

1933 年 12 月 6 日

甫一出版，《尤利西斯》销量惊人，成为兰登书屋第一部真正意义上的大众图书。

营造喧嚣无比的争鸣，抑或暗流涌动的争议，成为图书推广文案中屡试不爽的好招，直到今天。

精妙的点子生成优质的创意，精到的思量创造伟大的创意。贝内特的目的绝不尽然是大赚一笔，而是往前一步，进而将《尤利西斯》缔造成为具有超越文学价值的经典文本：他将携带着多方创造文案的《尤利西斯》特别版本捐献给了哥伦比亚大学图书馆。贝内特于捐献信中写道：这本被海关没收时还完好无缺的书现在已经破破烂烂，可见每位海关部门的人员都在这本渊博的书上花了不少工夫。地方检察官也不辞辛劳地在每一行他认为是色情语句的地方画上了大叉，这些大叉与记号，将来想必会对众多学子提供帮助。

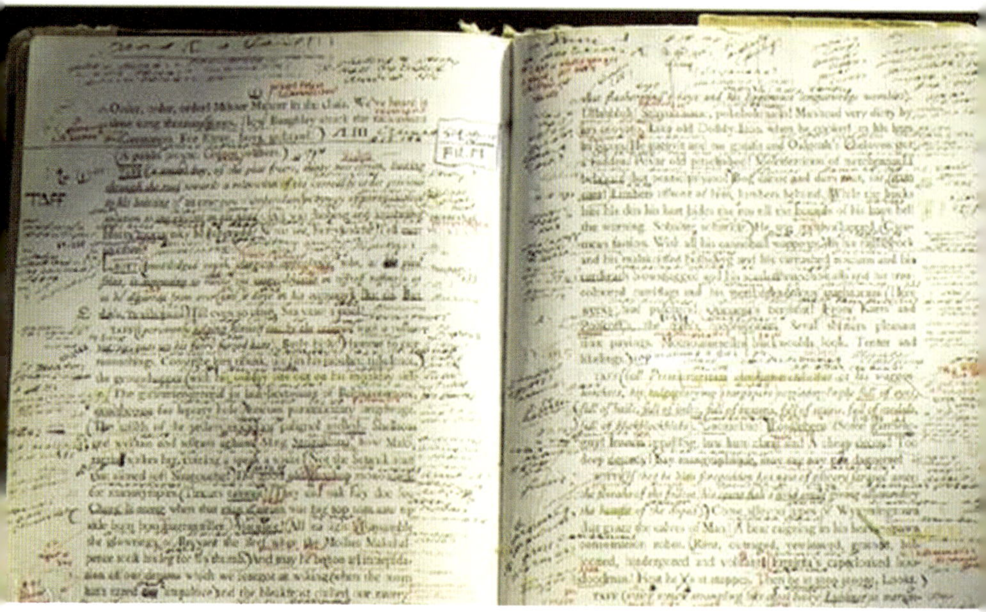

60 年过去了，兰登书屋《当代文库》评选 20 世纪 100 部最佳散文小说，第一名是乔伊斯的《尤利西斯》。

这是出版商为一位作者撰写的最长保鲜期的营销文案，也是一个出版人为未来创造的经典文案。

是的，文案决定一切。

贝内特·瑟夫做到了。

资深文案人鲍勃·利文森谈及“为谁写文案”，他给出的答案是：最佳策略是创造出你自己的顾客或潜在消费者。为你的创造保密，不必让现实生活知晓。

是的，文案决定一切。只是这一“切”将谁或者什么“切”出了现实？

要知道，媒体创意时代风潮汹涌，它已将文案创作人、客户、消费者统统变异成为“生活者”。虽然传统的文案大师还在怂恿着同行“说完真相你就跑”，但跑得出 CBD（中央商务区），跑得到燕郊北关，你跑得了文案的创意大法网吗?

文案人和旅行的关系，从来难舍难分。英国人毛姆一生酷爱旅行，在拥有 22 个时区的大英帝国的疆土上壮游。东方世界的行者更是多如繁星。旅行之于文案人，不是开发新大陆，而是逃离与趋避。正如普鲁斯特曾说，每个读者只能读到已然存在于他内心的东西。文案人的逃离，带来的是自己幻想中的世界，是文案人想要被世人所知的一切。

剑桥写手、随笔作家阿兰·德波顿为自己的逃遁写出了一本《旅行的艺术》。在这本“论文案人眼中旅行的艺术价值”中，德波顿与波德莱尔一同欣赏旅途中的交通工具，与福楼拜同游埃及。

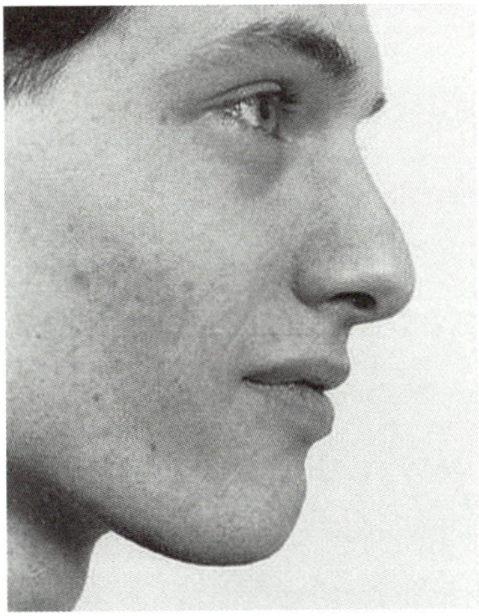

阿兰·德波顿

《旅行的艺术》

“不论是多么的不明晰，旅行仍能表达出紧张工作和辛苦谋生之外的另一种生活意义。”自歌德把心遗忘在海德堡以来的人类世界，基本的疏离和沉默是社群的载体，与自私自利的舒适对抗的是人们的漂泊经验。[①] 这使我们不难理解市面上各种游记的火爆。然而再滚烫的游记，也要从出发开始。

飞机之上的人群进入了一个短暂的第三次元。已经离开的，是我们的敌人和同仁，是想要抛弃的一切。尚未到达的，是添加幻想催化剂的希望。

我们倚着飞机冰凉的舷窗，这种感觉变得从未有过的真切——我们乘坐的飞机是一位渊博的哲学老师，是听从波德莱尔的召唤的信使：列车，让我和你同行！轮船，带我离开这里！带我走，到远方。此地，土俱是泪。[②]

怀着与现实生活决裂的雄心走进机场，将行李放在手推车上，“Rest your case”，《经济学人》广告文案之手推车版本做得悄无声息，却又铺天盖地。

当你终于冲上云霄，忽然，又被什么东西闪瞎了眼球：向高层办公室的所有读者问好！公交车顶层版本的《经济学人》广告文案若长虹霸占万里长空。当你落地有点儿饿了，公交车正在发放“有标签的土豆”(Hot potatoes)。每个土豆上附上一个标签，呼吁人们关注棘手的“同性婚姻”、“枪支管制”和“朝鲜问题”。棘手的问题，就好像烫手山芋，都交给《经济学人》吧！

---

① 〔英〕雷蒙·威廉斯著，韩子满、刘代、徐珊珊译，《乡村和城市》，商务印书馆，2013年版。

② 〔英〕阿兰·德波顿著，南治国、彭俊豪、何世原译，《旅行的艺术》，上海译文出版社，2012年版。

《经济学人》广告：Rest your case.（安放你的箱子，暗示读者可以通过阅读《经济学人》杂志获得帮助。）

现实生活与文案，总是以这样秘而不宣的方式，实现了共谋！

下次，果断将《经济学人》塞进旅行箱，让《旅行的艺术》停步！

切！文案！

文案不是应该决定一切吗？

丹·威登写出“Just Do It”之后，整个世界都在跑步。而据说跑步，是一个国家和地区经济发展水平以及国民幸福指数的反应。

史蒂夫·海登坐在他的办公室里，写下“为什么1984年不像是1984年。”这么简单的一句话给苹果，全世界都开始觉得自己需要一台电脑、一个音乐播放器、一部智能手机。看啊，这不就是我们今天生活的一切吗？乔布斯本人的话则更有玄机，“电脑应该和民主一样，每人都有”。

有人说是耐克和可口可乐推倒了柏林墙。

流行文化和与之相生相伴的文案生发了一切。

今天，什么最流行？当然是摇滚！君不见《中国好声音》舞台上10个人里有9个唱摇滚，9个人里有7个唱崔健。二十多年过去了，这个调调还是最摇摆。

所谓摇滚、摇滚，不摇当然要滚！

文案大咖们一般不真滚，而选择大隐于市。你如果看不见他们的影子，那是因为你看不懂他们技巧范儿的遁术。

从客户经理一直干到创意总监，多次斩获戛纳金狮和银狮，登陆澳大利亚广告名人堂的莱昂内尔·亨特现居住在悉尼郊外的一座小农场里，过去当牛仔和铺管工的经验又派上了用场。

被称为“有史以来最优秀的平面文案撰稿人”的鲍勃·利文森与著名作家卡特·塔诺斯结了婚，两人居住在纽约东汉普郡以及佛罗里达的尤瑟帕岛，他们在那里种玫瑰花、画画，躲避业界媒体。

而最知名的文案人，大卫·奥格威，从美国退休之后，和妻子生活在法国文物级的私人古堡中，伺花弄草，每年召见奥美全球的高层人物传道解惑。

商业文案人的胸腔里都蓬勃着一颗“归隐田园”的文艺心。背后可解的是，这些商业文案人多数依靠文案获得了一切。

瓦尔特·本雅明

人称“最后的欧洲文人”的文案人本雅明，因热爱文案，一生颠沛流离。46 岁的本雅明在法国与西班牙边境，通过过量服用吗啡自杀。他默默无名，只是一个被 1940 年的德国军阀逼迫得走投无路的犹太人，一个没有成为教授的知识分子，一个一部作品都不流行的文案人。他的教授职位论文《德国悲剧的起源》曾被法兰克福大学否决，其评价是“如一片泥淖，令人不知所云”，但具有讽刺意味的是，如今该书却成为 20 世纪文学批评的经典。①

① 许知远著，《单向街 005 反智的年代》，广西师范大学出版社，2014 年版。

本雅明在柏林以一个自由作家和翻译家的身份维生，兼及精神病理学的研究。本雅明的身份丰富而多样。正如理查德·卡尼所描绘的："他既是诗人、神学家，又是历史唯物主义者，既是形而上学的语言学家，又是献身政治的游荡者……在纳粹德国，他是一个犹太人；在莫斯科，他是一个神秘主义者；在欢乐的巴黎，他是一个冷静的德国人。他永远没有家园，没有祖国，甚至没有职业——作为一个文人，学术界不承认他是他们中的一员。他所写的一切最终成为一种独特的东西！"①

他为自己建造了一条"单向街"，成为城市的漫游者，养成收藏癖，在旧书的空间里获得安宁。他成为城市的"拾荒者"，将别人丢失的城市重新捡起来。他从波德莱尔的角度看城市的空间性，又站在马克思的身边斜视工业主义。19世纪飞速发展的城市成为本雅明文案中的一切，但是欧洲大陆若干城市之中却没有他的一席之地。

"在这些地方，一切原本即将来临的事物仿佛都已经成了过去。"

拾荒者从未消失过。念小学的三毛在说到她的理想时，说自己愿意做一个拾荒者。她也成为一个拾荒者，在撒哈拉的沙漠里拾起各种各样的沙漠遗珠，装点了自己的生活，也装点了所有人对于沙漠生活的幻想。沙漠生活并不美好，多次濒临死亡的时刻，其实文案皆无能为力。

我常常分析自己，人，生下来被分到的阶级是很难再摆脱的。我的家，对撒哈拉威人来说，没有一样东西是必要的，而我，却脱不开这个枷锁，要使四周的环境复杂得跟从前一样。

慢慢地，我又步回过去的我了，也就是说，我又在风花雪月起来。

---

① 〔德〕毛姆·布罗德森著，国荣译，《在不确定中游走：本雅明传》，金城出版社，2013年版。

荷西上班去了，我就到家对面的垃圾场去拾破烂。

用旧的汽车外胎，我拾回来洗清洁，平放在席子上，里面填上一个红布坐垫，像一个鸟巢，谁来了也抢着坐。

深绿色的大水瓶，我抱回家来，上面插上一丛怒放的野地荆棘，那感觉有一种强烈痛苦的诗意。

不同的汽水瓶，我买下小罐的油漆给它们厚厚地涂上印第安人似的图案和色彩。①

——三毛

文案在沙漠中尚不如一张羊皮有用。从沙漠中滋生的文案，却刺痛了千万人的心。三毛的文案作不作尚可讨论，她自己的生活却是“不作死就不会死”的真实路径。我们无法夸赞她作为独立人格上的完整，无法否定文案决定了她的一切。

也许口袋里只有三毛钱，也许因为上乾下坤，天清在上，地浊在下，天地之气不相交。闭塞不通，阻隔，事不顺畅，文案亦无法打通这否卦。

生活于斯，文案何用？

文案无界，媒介精分，讨论“为谁写文案”似乎变得格外无聊。

如果将文案写作比拟成一场旅行，文案资深客总爱跳上开往过去的交通工具：飞机——火车——游轮——马车——古董马车。

无论午夜巴黎，抑或午后纽约。

它们只是文资深客为了邀约他们渴望拜会的写作高手于纸上实现的一场货真价实的欢聚。

---

① 三毛著，《撒哈拉的故事》，哈尔滨出版社，2003 年版。

库尔特·冯内古特，一个在反战情绪中成长起来的德国裔美国人，头发多而杂乱，眼神艰涩，衣着不整。

因为母亲的疯癫和自杀，他一生惧怕与女人交往。风流俊俏的文案人形象和他毫不沾边。而这样一个内向的人，是美国黑色幽默的代表。喜剧就是他的文案，他用喜剧表现悲剧内容，在灾难、荒诞、绝望面前发出笑声。他以科幻小说起家，却热衷讽刺政治。耶鲁的精英在他眼里多是假大空。投身“二战”，亲眼在战争中见到民族之间的仇杀，他只能说自己是一个《没有国家的人》。一生与字和纸的交错关系，让他在生命中最后十年中，为奥美公司写了一篇超长文案——那是为国际纸业公司做的文案。

"Be merciless on yourself. If a sentence does not illuminate your subject in some new and useful way, scratch it out."

How To Write With Style ……[1]

① Kurt Vonnegut, “How to write with style”, in malcome forbes, ed, how to use the power of the printed world (anchor, 1985)

So your own winning style must begin with ideas in your head.

1.FIND A SUBJECT YOU CARE ABOUT

一定要选一个你真正喜欢的内容，喜欢到站在肥皂盒子上做一个关于它的演讲也可以。

2.DO NOT RAMBLE, THOUGH

I won't ramble on about that.

不要喋喋不休地讲下去，写才是重点。

3.KEEP IT SIMPLE.

As for your use of language: Remember that two great masters of language, William Shakespeare and James Joyce, wrote sentences which were almost childlike when their subjects were most profound.

莎士比亚和乔伊斯，内容艰深，语言简单。

……

The Bible opens with a sentence well within the writing skills of alively fourteen-year-old: "In the beginning God created the heaven and the earth."

《圣经》也只用14岁小孩子的话语开头。

4.HAVE GUTS TO CUT

不要对自己仁慈。如果一个句子没有以一种新鲜或是有用的方式表达思想，就划掉它。

……

库尔特·冯内古特在这篇超长文案中没有提及国际纸业公司一次，甚至连“纸”都没有出现。一个年逾七旬，早就宣告“上帝已经要我停止写作”的老人，出镜表演他的文案。他以一种怪异教授的形象，带着喝高了的精神状态向整个“打印出来的世界”，介绍如何打出真正有风格的文案。

国际纸业并没有像寻常客户一样要求放大自己的电话，加粗自己的店名和地址。只在右下方最小的位置上，说了几句“不痛不痒”的话：“今天，被打印出来的世界愈发重要。今时更胜往日，我们需要更好的阅读、写作和交流……如果您能将这篇文章与其他人分享，我们会再给您寄一份……印刷的世界，力量的源泉，我们的信念。”①

文案的世界，是打印的世界。自有人将文案人定义为键盘背后的销售者之后，文案的销售力决定了商品好不好卖、概念好不好卖，一切想被卖掉的东西好不好卖。文案决定了我们这个被打印出来的世界。

冯内古特在“How to write with style”（如何有风格的去写作）的最后，以他同在康奈尔大学念书的校友 E·B·怀特作为结束。他说，我们也应该认识到，如果 E·B·怀特没有写出充满魔力的内容，谁也不会在意他的写作风格是否能够表达他的意图。② 显然这位《纽约客》的顶级文案大师深得冯内古特的欣赏。怀特一手奠定了影响深远的《纽约客》文风，他的《写作》（*On Writing*）一书自出版后就成为文字爱好者的写作圣经。

一个以“冷峻清丽、辛辣幽默、自成一格”文风著名的撰稿人，一个写《这就是纽约》的人，最出名的居然是他的童话。《夏洛特的网》和《精灵鼠小弟》构筑了文案世界里，年少的角落。曾有一个小读者写信问他，你的童话故事是真的吗？怀特去信回答：“不，它们是想象出来的故事——但是真的生活也不过是生活的一种罢了——想象里的生活也算一种生活。

有谁指望孤独或者私密，纽约将赐予他这类古怪的奖赏……纽约的一个神秘特点就是有本事派发这类暧昧的礼品。它可以摧毁一个人，也可以成全他，这很大程度上就看运气。除非愿意碰碰运气，否则，不来

---

① 〔美〕路克·苏立文著，赵萌萌译，《文案发烧》，中国人民大学出版社，2010年版。

② 根据《How to mite with style》翻译整理而成，文章来自《文案发烧》，中国人民大学出版社。

纽约最好。①

纽约愿意包容，文案更是一切。如果你爱她就给她写文案，因为你能创造天堂；如果你恨她就为她写文案，因为你能建造地狱。

天堂和地狱只在一念之间，这样讲的确庸俗。信息大爆炸的时间段里，媒体和文案狼狈为奸，什么都说得出，做得来——这真正决定了一切：艺人的八卦、国家领导人的形象危机、今日考试的不及格，文案能够为你荡涤一切；O·J·辛普森是如何从法庭笑着走出来的，阮玲玉如何死去的，那些看了《少年维特之烦恼》而跳楼自杀的少年都去哪里了？

“在写作和睡觉，”斯蒂芬·金注意到他自己卓越冥想的“创造性的睡眠”和白日梦的艺术，“我们学到的是，身体还是在同一时间空间里，我们鼓励我们的思想从白天的理性思维解锁。”

文案已经占领了纽约、巴黎、伦敦、北京，文案也已经登陆毛里求斯、南太平洋。逃遁的文案人占领了经纬，留下的，正在决定攻打时间。文案人关于纸的欢聚，最终演化为一场争夺战。

……

下午5点

布鲁姆约一个朋友在酒吧见面。一个无赖大肆攻击犹太人，身为犹太人的布鲁姆实在忍无可忍，他反驳道：“门德尔松是犹太人，还有卡尔·马克思、斯宾诺莎。救世主耶稣也是个犹太人……

晚上8点

……夏日的黄昏笼罩着世界，在遥远的西边，太阳沉落了。少女格

---

① 〔美〕EB·怀特著，贾琿丰译，《这就是纽约——EB·怀特随笔》，上海译文出版社，2007年版。

蒂到圆形炮塔附近的海滩乘凉，她凝视远方，沉湎在冥想之中……

晚上10点

……布鲁姆到妇产医院去探望难产的麦娜夫人。斯蒂芬和一群医学院的学生在那里高谈阔论，个个喝得酩酊大醉，布鲁姆开始为斯蒂芬担心。斯蒂芬说还要请大家到酒店喝酒，就离开了医院。布鲁姆也赶了去，一路上他的眼前出现了许多幻象……①

《尤利西斯》难懂，100个人自有自己100个理由。三年五载，读不完的《追忆似水年华》和《尤利西斯》一道，装点了读者书橱的门面，顿时可以挺胸抬头，缅怀先贤。

文案给怀特、冯内古特、乔伊斯……所有文案人带来了一切。

乔伊斯从不为爱尔兰所喜，到头来《尤利西斯》却成为爱尔兰的旗帜。

E·B·怀特死于奥兹海默症，他忘记了想象出来的生活，夏洛特的网不能兜住他，被自己文案决定的一切都已经消失。

文案喧嚣，不如睡觉。

文案发烧，生活冰冷。

最后，我们用史蒂夫·亨利的话醒醒脑子：

生命太短，何必读完长文案。

面对现实吧，生命太短，何必读完本书。

切！

---

① 〔爱尔兰〕詹姆斯·乔伊斯著，萧乾、文洁若译，《尤利西斯》，译文出版社，2005年版。

后　记

一切。

“当我终于做完一切的时候，一切才刚刚到来。”

这句话落定的时候，开启的是我的第一本小说《写手》。同时，此本《超文案》戛然收笔。

无论手中握着多大的大屏，朋友圈里存有多少大牛，我们要的，只是那一瞬间的彼此关注与相守。这个时代，被切割得七零八碎的情感，成为生命深处的星星之火，也幻化成为每个人随时需要消耗或者制作的超文案。

感谢《超文案》团队。张萌，十余年的陪伴，冷暖互知；思玥，你用一整箱的冻顶带我重温台北的早春。感谢文案班学生鲁瑶、杨雅男、夏嫒嫒的参与。

感谢史航、王志、刘春、杨澜、王峥、张小波、钟大年、蒋蕾。之所以不按姓氏拼音排列，只因为，他们每个人都是超文案，无须我的刷屏，存在感已然爆棚。

感谢书中文案的原创者们，你们以创意成果与我共同完成了此书。遵循严格的图片版权规则，经过专业网站购买与重新拍摄制作，仍有少部分图片无法确认版权，出版之后，若有遗漏，再请作者与我们联络。

在《创意写作》课上，曾与学生玩一个“自我认知：我是谁?”的游戏。

朱冰是谁？被他们问及答案的时候，我回答：文案中的朱冰，只是一个在学院高地上野蛮生长的创意写手。

朱冰于北京定福庄

2015 夏至